*As cartas que compõem esta obra foram extraídas de*
EPISTULAE MORALES AD LUCILIUM
*Copyright © 2011, Editora WMF Martins Fontes Ltda.,*
*São Paulo, para a presente edição.*

**1.ª edição** 2011
**2.ª tiragem** 2022

**Revisão da tradução**
*Mariana Sérvulo da Cunha*
**Acompanhamento editorial**
*Luzia Aparecida dos Santos*
**Revisões**
*Márcia Leme*
*Helena Guimarães Bittencourt*
**Edição de arte**
*Casa Rex*
**Produção gráfica**
*Geraldo Alves*
**Paginação**
*Casa Rex*
**Capa**
*Casa Rex*

**Dados Internacionais de Catalogação na Publicação (CIP)**
**(Câmara Brasileira do Livro, SP, Brasil)**

Sêneca, ca. 4 a.C.-65 d.C
 Sobre os enganos do mundo / Sêneca ; revisão da tradução Mariana Sérvulo da Cunha. - São Paulo : Editora WMF Martins Fontes, 2011. - (Coleção ideias vivas)

 Título original: Epistulae morales ad Lucilium.
 ISBN 978-85-7827-332-3

 1. Conduta de vida - Obras anteriores a 1800 2. Epistulae morales ad Lucilium 3. Ética - Obras anteriores a 1800 4. Seneca, Lucius Annaeus, ca. a.C.-65 d.C. I. Schmitt, Olegario. II. Título. III. Série.

10-08818                                                                                    CDD-188

**Índices para catálogo sistemático:**
1. Estoicismo : Filosofia antiga    188
2. Sêneca : Filosofia    188

*Todos os direitos desta edição reservados à*
**Editora WMF Martins Fontes Ltda.**
*Rua Prof. Laerte Ramos de Carvalho, 133  01325-030  São Paulo  SP Brasil*
*Tel. (11) 3293-8150  e-mail: info@wmfmartinsfontes.com.br*
*http://www.wmfmartinsfontes.com.br*

coleção idealizada e coordenada por **Gustavo Piqueira**

**SÊNECA** Sobre os enganos do mundo
fotos **Olegario Schmitt**

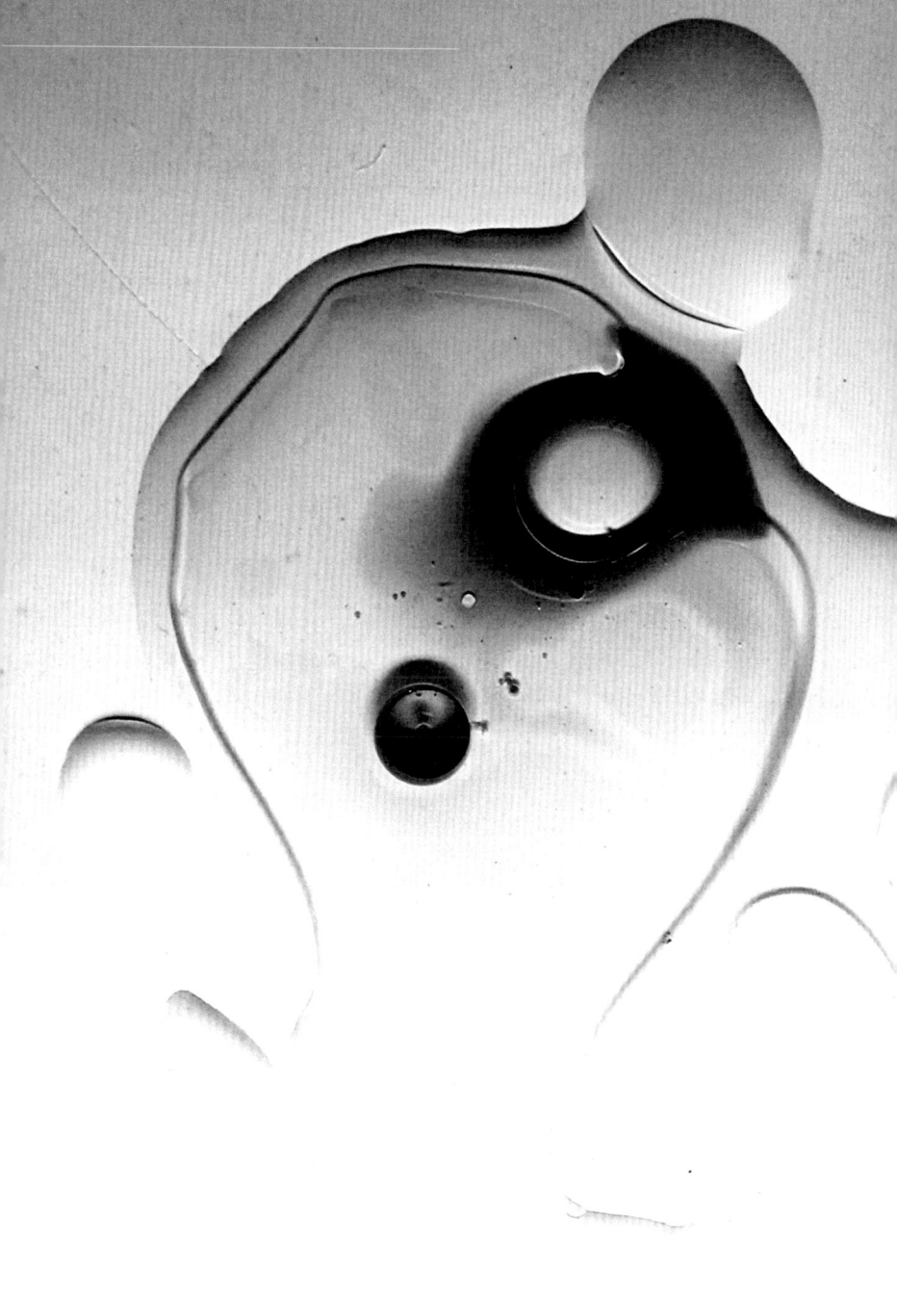

Quem se lamenta de que alguém tenha morrido se lamenta de ter nascido homem. Uma mesma lei nos tem a todos obrigados. A quem coube nascer está reservado o morrer.

## CARTA I
# Sobre a economia do tempo

Sêneca saúda seu amigo Lucílio

Faze isto, meu caro Lucílio, apodera-te novamente de ti mesmo, e o tempo, que até agora te era arrebatado, subtraído ou simplesmente te escapava, recupera-o e conserva-o. Fica certo de que as coisas são como escrevo: parte do tempo nos é arrancada, parte nos é subtraída por amenidades, e o resto escorrega de nossas mãos. No entanto, a perda mais lastimável é a que se dá pela negligência. E, se considerares bem, a maior parte da vida se passa agindo mal, uma grande parte sem fazer nada, toda a vida se passa fazendo outra coisa que não o que seria necessário fazer. Que exemplo me darás de alguém que saiba valorizar o tempo, que dê consideração a um dia, que compreenda estar morrendo cotidianamente? Este é o erro: colocamos a morte no futuro, quando grande parte dela já passou. Tudo o que está no passado, a morte já o possui.

Portanto, meu caro Lucílio, faze tal como escreves: abarca todas as horas. Dependerás menos do amanhã se fizeres hoje o que tem de ser feito. Enquanto postergamos, a vida não deixa de correr. Todas as coisas, Lucílio, nos são alheias, somente o tempo é nosso. Com efeito, a natureza nos deu essa única coisa fugaz e que nos escorrega das mãos, e que qualquer um pode nos tomar. E tal é a estultícia dos mortais que, pelas menores coisas e mais vis, facilmente substituíveis, contraem dívidas que aceitam de bom grado, mas não há quem julgue que alguém lhe deva algo quando toma o seu tempo, e no entanto ele é único, e nem mesmo quem reconhece que o recebeu pode devolvê-lo ao outro.

Talvez me perguntes qual é a minha atitude a esse respeito, eu que te aconselho estas máximas. Confessarei francamente: como alguém que gasta muito mas diligentemente: tenho em meus registros as contas certas. Não posso dizer que não perco nada, mas poderei dizer o que perco, por que e como; posso dar as razões de minha pobreza, mas encontro-me no mesmo caso que a maioria dos que estão arruinados não por sua culpa: todos desculpam mas ninguém ajuda.

Como isso acontece? Considero dessa forma: não tenho por pobre aquele que, por pouco que lhe sobre, já se satisfaz. Aconselho-te, no entanto, a preservar o que é realmente teu, e tão rápido quanto possível. Pois essa era a opinião dos nossos ancestrais. Tardia é a poupança, quando o vinho toca a borra. O que fica no fundo do vaso é pouco, e da pior qualidade. **ADEUS.**  Tradução Willian Li

**CARTA XII**
## Sobre a velhice

**Sêneca saúda seu amigo Lucílio**

Para onde quer que eu me volte, vejo as provas da minha velhice. Estive em minha propriedade no subúrbio e queixei-me das despesas que teria de fazer por um edifício em ruínas. Meu administrador disse que o dano não se devia à sua negligência, pois havia feito todo o necessário: a casa é que estava velha. Ora, essa casa foi mandada construir por mim; se as pedras que têm minha idade estão virando pó, o que não estará acontecendo comigo? Irritado com aquilo, não deixei escapar a primeira ocasião para extravasar meu mau humor. "Parece-me", disse, "que esses plátanos estão sem cuidados: não têm nenhuma folhagem! Como os ramos estão nodosos e tortos, como os troncos estão com aspecto sombrio e esquálidos! Isso não aconteceria se alguém revolvesse a terra em torno e os regasse." Ele então jurou por meu gênio que de sua parte tudo fazia, que não deixava nada descuidado, mas eram as árvores que estavam velhas. Cá entre nós, fui eu próprio quem as plantou e vi brotar suas primeiras folhagens. E voltando-me para a entrada perguntei: "Quem é esse decrépito? É com razão que o puseste na soleira da porta. Onde o encontraste? Que gosto tiveste em recolher um morto que não nos pertence?" E o homem em questão disse para ele: "Não me reconheces? Eu sou Felício, a quem costumavas trazer estatuetas: sou filho do administrador Filósito, a quem costumavas chamar 'tua pequenina alegria'." Eu disse: "Esse homem certamente está delirando. Então o meu predileto tornou-se menino de novo? Mas pode ser verdade, pois seus dentes estão caindo."

Isso devo à minha visita ao subúrbio: para qualquer lado que olhasse, minha velhice se evidenciava. Abracemos, portanto, e amemos a velhice, pois ela poderá ser cheia de prazeres se soubermos usá-la. Os frutos são deliciosos quando estão maduros, a juventude é mais prazerosa no fim, os que apreciam o vinho deleitam-se mais com a última taça, a que satisfaz plenamente e põe um fim à bebedeira. O que todo prazer tem de mais agradável em si, ele o reserva para o fim. A vida é mais agradável quando já está declinando, mas não de modo abrupto. E supondo ainda que a idade que é, por assim dizer, como a gota de água na borda da última telha, tenha prazeres únicos. Ou então que o fato de não mais se desejar o prazer seja o prazer supremo. Como é aliviante ter se cansado dos desejos ou então abandoná-los! "Mas incomoda", dizes, "ter a morte em vista." Em primeiro lugar, ela está sempre presente, quer para o velho ou para o jovem – e não se trata aqui de um consenso surgido de uma votação. Depois ninguém é tão velho que não possa reivindicar para si mais um dia. Um dia é um degrau na vida.

Toda vida consta de partes, e elas formam círculos concêntricos maiores e menores. Há um que abraça a todos e os fecha: é o círculo do dia do nosso nascimento até a morte. Outro compreende apenas os anos da juventude; há o que abarca toda a infância. Finalmente há o ano que por si só e em si contém um ciclo completo de tempo a partir do qual contamos a nossa vida. Um círculo menor contém os meses. A rotação de um dia constitui o menor círculo que passa, como os outros, do seu início ao fim, da aurora ao ocaso. Assim Heráclito, que foi chamado de "obscuro" por causa de sua linguagem, diz: "Um dia é igual a todos." Esse dito foi interpretado de diversas maneiras. Alguns entendem "igual" por "igual número de horas", e o raciocínio deles não é falso. Pois, se o dia é concebido como uma sucessão de vinte e quatro horas, é necessário que os dias sejam todos iguais, pois a noite se apodera do que o dia perde. Outros dizem que um dia é igual a todos pela semelhança: com efeito, nada há na mais longa duração de tempo que não possa ser encontrado no período de um dia e uma noite. Dessa forma, cada dia deve ser regrado como se fechasse um círculo e completasse uma vida. Portanto, todo dia deve ser ordenado como encerrando uma marcha, como se fosse o último e supremo dia de nossa vida.

Pacúvio, que se instalou na Síria com plenos poderes, costumava realizar um sacrifício fúnebre para si mesmo, com as libações e os famosos banquetes funerários. Em seguida, fazia-se levar da sala ao seu quarto enquanto os eunucos cantavam em grego com acompanhamento musical: "Ele está morto! Sua vida já passou!" Pacúvio não passava um só dia sem realizar esse macabro ritual. Façamos, no entanto, e com intenções honestas, o que aquele desabusado fazia como espetáculo. Ao dormir, digamos com alegria e contentamento:

> Vivi. Percorri o curso que a fortuna traçou para mim.

Se deus nos conceder um dia a mais de acréscimo, recebamos com alegria. É um homem muito feliz e com plena posse de si mesmo o que espera o amanhã sem inquietude. Todo o que diz "já vivi" recebe cotidianamente mais um dia como lucro.

Mas já devo concluir a epístola. "Então irás terminá-la desse modo, sem nenhum acréscimo para mim?", é o que me dirias. Nada temas, pois ela nos dá algo. Por que disse "algo"? Ela nos dá muito. Há, com efeito, algo mais belo do que aquilo que te darei agora? "É um mal viver sob o jugo das necessidades, mas não é necessário viver sob a necessidade." Por toda parte há muitos e simples caminhos para a liberdade. E agradeçamos a deus, que não obriga o homem a permanecer na vida. Podemos até nos livrar de nossas necessidades. Dir-me-ás: "O dito é de Epicuro. O que tem uma outra escola a ver com a nossa?" Considero que tudo o que é verdadeiro é meu. Continuarei a te enviar pensamentos de Epicuro, para que as pessoas que juram sobre a palavra de outro e consideram não o que é dito, mas quem o diz, saibam que as melhores coisas pertencem a todos. **ADEUS.**

Tradução **Willian Li**

Ninguém é tão velho que não possa reivindicar para si mais um dia.

CARTA XXVIII
# Sobre a viagem como cura para o descontentamento

Sêneca saúda seu amigo Lucílio

Pensas que acontece somente contigo e te admiras como se fosse algo de novo o fato de teres feito uma viagem tão longa e visitado tantos lugares diferentes sem que com isso aliviasse o peso e a tristeza de tua mente? Deves mudar a alma, e não o lugar. Embora atravesses vastos mares e, como declama Virgílio:

TERRAS E CIDADES FORAM VISTAS POR TI,

para onde quer que fores, teus vícios te seguirão. Da mesma forma, assim respondeu Sócrates a alguém que se dirigiu a ele: "Por que te admiras de que tuas viagens não te auxiliam, uma vez que sempre te levas contigo? A aflição que te atinge estará sempre contigo." Que novidade pode trazer percorrer todas as terras? Ou conhecer muitas cidades e lugares? Toda essa agitação é desnecessária. Perguntas-me por que não sentes nenhum alívio na fuga? É porque foges levando-te contigo. É preciso primeiro depor o fardo que sobrecarrega tua alma; antes disso nenhum lugar te será aprazível.

Julga que o teu presente estado é como o da sacerdotisa que Virgílio descreve; ela já está excitada e tomada de fúria, e está cheia de uma inspiração que não é dela:

A SACERDOTISA ESTÁ POSSUÍDA; PUDESSE ELA DE SEU PEITO EXPULSAR O PODEROSO DEUS.

Tu corres de um lado para outro para livrar-te do peso que te aflige. Essa própria agitação torna-o pior; acontece o mesmo na navegação: se a carga está em equilíbrio estável, ela exerce menos pressão; se está disposta de maneira desigual, ela submerge do lado que está mais pesado. Tudo isso que fazes, é contra ti mesmo; e toda essa movimentação te prejudica porque estás sacudindo um homem doente.

No entanto, quando tiveres te livrado do mal, qualquer viagem será agradável. Poderás ser exilado para os confins da terra, e em qualquer canto perdido dos países bárbaros aonde terão te levado haverá sempre para ti um lugar acolhedor. O mais importante é o estado de ânimo no qual te encontras e não o lugar para onde se vai; e da mesma forma não devemos condicionar nosso estado de ânimo a nenhum lugar. Devemos viver com esta convicção: "Não nascemos encurralados, minha pátria é todo este mundo." Se isso está claro para ti, não ficarás surpreso de não obter nenhum benefício dos novos lugares que busca por causa do aborrecimento dos anteriores. O primeiro lugar que te foi dado já tinha te agradado, se o considerasses inteiramente teu. De fato, tu já não viajas, mas erras e mudas de lugar sendo levado de uma parte a outra, enquanto aquilo que buscas – a arte de viver bem – pode ser encontrado em qualquer lugar. Pode haver lugar mais agitado que o fórum? Mesmo ali, caso fosse necessário, seria possível viver tranquilamente. Se pudéssemos dispor livremente de nós mesmos, eu evitaria até olhar para as vizinhanças do fórum. Pois, assim como lugares perigosos ameaçam a saúde mais robusta, da mesma maneira isto acontece com a sabedoria ainda imperfeita e prestes a recair no erro: há lugares que são maléficos. Na realidade divirjo daqueles que se lançam no fluxo das coisas levando uma vida cheia de afazeres, lutando com as dificuldades da vida cotidiana e empregando nisso todo seu talento. O sábio poderia suportar todas essas coisas, mas ele não escolheria esse modo de vida; ele preferiria a paz ao combate. É inútil

Da mesma forma, assim respondeu Sócrates a alguém que se dirigiu a ele: "Por que te admiras de que tuas viagens não te auxiliam, uma vez que sempre te levas contigo?"

tentar lutar contra teus vícios quando tens de enfrentar os dos outros. Tu dizes: "Trinta tiranos estavam ao redor de Sócrates, mas não puderam atingir sua alma." Que importa quantos sejam os tiranos? A servidão é uma só. Quem a desprezar pode ter o maior número de senhores que continuará livre.

Já é tempo de terminar, não sem que antes eu pague a taxa de saída. "O início da salvação é o conhecimento do pecado." Esse dito de Epicuro me parece ser dos mais elevados. Pois quem ignora que peca não pensa em emendar-se: é preciso que te surpreendas no erro antes de corrigi-lo. Há os que se gloriam de seus vícios; acreditas que aqueles que consideram suas faltas como sendo virtudes pensam em remediá-las? Dessa forma, tanto quanto possível, acusa-te a ti mesmo, investiga a ti. Sê primeiro o acusador, depois o juiz e apenas em último caso teu advogado. Às vezes, sê rude contigo próprio. **ADEUS.**

Tradução Willian Li

### CARTA XXXI
## O canto das sereias

Sêneca saúda seu amigo Lucílio

Agora reconheço o meu Lucílio: começa a se revelar, como havia prometido. Segue aquele ímpeto da alma com o qual buscavas as mais elevadas coisas, tendo calcado os bens vulgares. Não quero que sejas maior ou melhor do que planejavas. Assim, termina o que começaste e faz aquilo que decidiste. Em suma, serás sábio se fechares os teus ouvidos, pois é pouco tapá-los com cera; é preciso uma obstrução mais compacta do que a usada por Ulisses para seus companheiros, conforme se narra. A voz temível das sereias era sedutora mas não avassaladora, porém essa que agora te ameaça não vem de uma rocha no mar, mas estrondeia à tua volta, de todas as partes da terra. Por isso, passa ao largo de todas as cidades, não apenas de um lugar suspeito de prazeres insidiosos. Torna-te surdo àqueles que amas, são males o que pedem com boa intenção. E, se queres ser feliz, ora aos deuses que não te aconteça nada do que pediram para ti. Não é bom o que desejam para ti; há um só bem, causa e fundamento da vida feliz, a saber, a confiança em si mesmo. Ora, essa não poderá existir se a profissão não for desprezada e tida no número das coisas que não são boas nem más. Com efeito, não se pode dar o caso em que uma coisa seja às vezes ruim e outras boa, umas vezes leve e portanto suportável, e outras vezes esmagadora. A profissão não é um bem. Nesse caso, o que é o bem? O desprezo do trabalho. Por isso, foi em vão que acusei os atarefados. Quanto mais se esforçarem por alcançar a virtude e quanto menos se deixarem abater, tanto mais aprovarei e direi: "Ótimo, levanta: inspira e se és capaz transpõe esta ladeira num só fôlego."

    O trabalho alimenta as almas nobres. Portanto, não há razão de escolheres, conforme promessas antigas de teus pais, o que deves querer ou desejar que te suceda. É totalmente vergonhoso a um homem, já versado em matérias tão sublimes, ainda importunar os deuses. O que se deve desejar? Faze-te feliz por meio de ti mesmo. Farás isso se entenderes que é bom o que está mesclado à virtude e vergonhoso o que está unido à maldade. Assim como não há nada de brilhante sem associação com a luz, nem nada de escuro que não tenha trevas, também nada existe de quente sem o auxílio do fogo nem de frio sem o ar; desse modo é o consórcio com a virtude ou a maldade que torna as coisas boas ou más.

Afinal, o que é bom? É o conhecimento das coisas. O que é mau? É o desconhecimento das coisas. O prudente e hábil rejeitará ou escolherá umas e outras conforme as circunstâncias. Mas não teme o que rejeita nem admira o que escolhe, contanto que tenha uma alma grande e invencível. Eu te proíbo que te abatas e deprimas. É pouca coisa não recusar o trabalho; pede-o. "Mas então", dirás, "um trabalho frívolo e supérfluo, postulado por motivos sem importância, não é mau?" Não é mais do que aquele que se empreende pelas belas coisas, porque é característica da alma corajosa a tolerância que exorta ao difícil e árduo, dizendo: "Por que deixas de trabalhar? Não é próprio do varão temer o suor." Além disso, para que a virtude seja perfeita, a igualdade e o movimento constante da vida devem ser harmoniosos em tudo. Ora, isso não poderá ocorrer se não houver juntamente o conhecimento e a arte por meio dos quais são conhecidas as coisas humanas e divinas. Esse é o sumo bem. Se te apoderares dele, começarás a ser companheiro dos deuses e não pedinchão deles.

"Como", dizes, "se chega a isso?" Não te deves dirigir às Sirtes nem a Cilla ou a Caribde por meio dos Alpes Peninos ou dos montes Ilíricos que entretanto todos percorreste para ganhar o governo de uma provinciazinha. A viagem para a qual a natureza te preparou é segura, é agradável. A natureza te deu os meios necessários para o caminho. Se não os abandonares, erguer-te-ás às alturas de deus. Não é o dinheiro que te faz igual a um deus, pois deus nada tem. Nem a toga pretexta; ele não a usa. Nem a fama, nem a ostentação, nem a difusão do teu nome através dos povos; ninguém conhece a deus, muitos fazem dele um mau juízo, e impunemente. O séquito de escravos que conduz a tua liteira pelas ruas das cidades pátrias ou estrangeiras não te ajudará; pois é aquele deus supremo e poderosíssimo que carrega todas as coisas. Nem mesmo a beleza e a força poderão te fazer feliz; nada disso resiste à velhice.

 Deve-se procurar o que não se muda de um dia para outro naquele ao qual não se pode impedir. O que é isso, afinal? É a alma, mas quando é reta, boa, nobre. De que mais se poderia chamar essa alma senão de um deus que habita como hóspede um corpo humano? Essa alma pode estar tanto em um cavaleiro romano como em um liberto ou um escravo. Mas o que é um cavaleiro, ou um liberto, ou um escravo? São nomes originários da vaidade ou da injustiça. É possível, do nada, saltar ao céu. Levanta-te agora

  E MODELA-TE

  QUAL UM DEUS.

Deves consegui-lo não com ouro ou prata: dessa matéria não se pode modelar uma imagem semelhante a um deus; considera que os deuses, quando propícios, eram feitos de barro. **ADEUS.**   Tradução Mariana Sérvulo da Cunha

CARTA XXXII
## Sobre o progresso

Sêneca saúda seu amigo Lucílio

 Eu me informo a teu respeito perguntando, para aqueles que vêm da tua região, o que fazes, onde moras e com quem. Não podes me enganar: estou contigo. Vive como se estivesses certo de que recebo frequentemente notícias tuas, e até mesmo te observasse. Perguntas-me o que mais me deleita nas coisas que ouço a teu respeito? É que não ouço dizer nada de ti, a maioria das pessoas que interrogo ignora o que fazes.

Esta é uma prática salutar: não frequentar as pessoas que são diferentes de nós e têm outros interesses. Mas tenho certeza de que não serás levado para outro caminho e que manterás tua tora, mesmo em meio a uma turba que te cerque e tente distrair-te. O que ocorre, pois? Não temo que eles irão te fazer mudar de vida, mas sim que colocarão obstáculos ao teu progresso. Já nos prejudica muito quem nos faz progredir mais devagar, sobretudo nessa vida tão breve, e que nós tornamos mais breve ainda devido à nossa inconstância, recomeçando-a sempre de novo, agora e depois logo em seguida. Partimos a vida em pequenos pedaços, e os desperdiçamos. Portanto, apressa-te, meu caro Lucílio, e foge aumentando a velocidade tal como se tivesses o inimigo nas costas, ou se suspeitasses que a cavalaria inimiga se aproximasse e seguisse de perto tua trilha. E isso realmente acontece: estás sendo perseguido; apressa-te e foge até encontrares um lugar seguro. Aí então, quando estiveres em segurança, considera que bela coisa é consumar a vida antes de morrer, para em seguida usufruir em segurança a parte restante de tua vida, sem aspirar nada para ti, instalado na posse da vida feliz, cuja alegria não se torna maior se for mais longa. Ah, quando chegará o dia em que o tempo nada mais significará para ti, em que estarás tranquilo, plácido e indiferente ao futuro, gozando de plena saciedade?

    Queres saber por que os homens são ávidos do futuro? É porque ninguém toma posse de si mesmo. Teus pais desejaram outras coisas para ti; eu, pelo contrário, sugiro que desprezes tudo aquilo que desejaram para ti em abundância. Para que te fizessem rico, seus votos levariam muitos à pobreza. Seja o que for que eles tenham desejado para ti, isso teria de ser tirado de outro. O que desejo para ti é a livre disposição de si mesmo; que tua mente, agitada por múltiplos pensamentos, encontre finalmente o repouso e a firmeza, de modo que esteja satisfeita consigo mesma e compreenda quais são os verdadeiros bens, que são possuídos assim que compreendemos quais são, de modo que não haja necessidade de lhe serem acrescentados mais anos. Só se elevou acima das necessidades aquele que se libertou de toda tutela, só é livre aquele que vive uma vida plena. **ADEUS.**     Tradução Willian Li

**CARTA XLIX**
## Sobre a brevidade da vida

Sêneca saúda seu amigo Lucílio

   Na verdade, meu caro Lucílio, está relaxado e despreocupado aquele a quem a visão de uma paisagem desperta a memória e faz recordar um amigo. Entretanto, a saudade guardada em nossa alma é evocada às vezes por locais familiares. E não é uma lembrança extinta que a reaviva, é uma lembrança adormecida que a desperta. Assim como a dor dos que estão de luto: mesmo se foi mitigada pelo tempo, é reavivada com a visão de um escravo favorito do familiar perdido, ou com a visão de suas roupas ou de sua casa.

   Eis que a Campânia, ou sobretudo a vista de Nápoles ou de tua querida Pompeia me avivam a falta que sinto de ti. Estás inteiro diante de meus olhos. Sobretudo no momento da separação. Vejo-te devorando tuas lágrimas e mal resistindo às emoções que transbordam e que não podes controlar. Parece-me que foi ontem que te perdi. E o que não se torna ontem quando evocamos as lembranças? Ontem eu era uma criança que frequentava a escola do filósofo Sotion, ontem comecei a advogar nas cortes, ontem perdi o gosto de advogar, ontem já não o podia mais. O tempo passa com uma infinita velocidade, e só percebemos bem se olhamos para trás; o passado escapa aos que se absorvem no presente, tal o modo pelo qual essa fuga ocorre sutilmente. Perguntas a razão disso? É que todo o tempo passado mistura-se no mesmo lugar, onde é visto inteiro e de uma vez. Tudo cai no fundo do mesmo abismo. E além disso não poderíamos obter longos resultados numa coisa que, medida precisamente, é curta. Nossa vida é um ponto, ou menos ainda, mas a natureza, dividindo essa coisa mínima, dá-lhe a aparência de uma duração mais longa. Numa das divisões, ela faz a primeira idade; depois a infância, em seguida a juventude e a parte que vai da juventude à velhice, e enfim a própria velhice. Quantos patamares, e quão curtos!

Ontem eu me separei de ti, no entanto esse ontem constitui uma boa parte de nossa vida, cuja brevidade haverá um dia de se extinguir: pensa bem nisso! O tempo não costumava parecer para mim tão veloz; mas agora essa corrida parece incrível, talvez porque eu sinta a aproximação da morte, talvez porque comecei a dar-me conta das minhas perdas e a calculá-las.

Por conseguinte, fico mais indignado ainda ao ver que, mesmo bem utilizado, o tempo nem ao menos nos serviria ao necessário, e ainda há os que desperdiçam a maior parte de suas vidas com coisas supérfluas. Cícero nega que teria tempo para ler os poetas líricos se os seus dias de vida fossem duplicados. Acrescento a esses os dialéticos, que são ineptos de modo mais triste. No entanto, os poetas líricos reconhecem que são frívolos, enquanto os dialéticos acham que estão fazendo algo sério. Não proíbo que te dês a essas elucubrações e gaste com elas alguma atenção, mas nada mais que pouca atenção, uma simples saudação à porta, com o único propósito de evitar que nos contem histórias e nos façam crer haver aí grandes e secretos bens.

Por que sofres agarrando-te a problemas que é melhor esquecer de uma vez por todas do que tentar resolver? Livre é quem, na viagem, recolhe tranquilamente a seu bel-prazer as ervas do campo; no entanto, quando o inimigo alcança seus calcanhares, quando o soldado recebe a ordem de se apressar, a necessidade dispersa tudo aquilo que a paz ociosa havia reunido. Não disponho de tempo para encadear palavras dúbias e testar minha sagacidade com tais fórmulas.

<small>Vê quais povos se aliam, os portões que são fechados.
E as armas afiadas prontas para guerra.</small>

Com a alma elevada deve-se ouvir o ruído de guerra que nos envolve. Qualquer um poderia me chamar de louco se, enquanto os velhos e as mulheres amontoam pedras para reforçar a muralha, enquanto os homens, reunidos em pelotões atrás das portas, esperam ou pedem o sinal para sair, o inimigo força as portas, e a terra é revolvida, minada e treme, eu ficasse sentado tranquilamente, propondo questões como esta: "Tens o que não perdeste, ora não perdeste os cornos, portanto deves ter cornos" e outras sutilezas do mesmo gênero. Pois bem, tens igualmente o direito de me chamar de louco se me vires dedicar a tais tarefas. É verdade que agora estou sitiado. A diferença é que no caso da guerra eu seria ameaçado por um perigo exterior, a muralha me separaria do inimigo. Ao passo que, agora, carrego dentro de mim o que me mata. Falta-me tempo para as frivolidades, tenho nas mãos uma imensa tarefa. Como a realizarei? Vejo que a morte se apressa e a vida foge. Diante dessas duas pressões, ensina-me algum expediente! Faze com que eu não fuja da morte e que a vida não me escape. Exorta-me com relação ao que é difícil; dá-me longevidade contra aquilo que é inevitável. Vem alargar meu tempo, que é tão curto! Ensina-me que a boa vida não se mede pela sua duração mas como a empregamos. Acontece muitas vezes que uma longa vida não é realmente vivida. Dize-me, quando eu for dormir: "Pode ser que não despertes"; e quando me levanto: "Pode ser que não vás dormir nunca mais"; quando saio de casa: "Talvez não voltes"; e quando retorno: "Talvez não saias mais." Erras ao pensar que somente na navegação é mínima a distância entre a vida e a morte. Em qualquer lugar esse intervalo é muito tênue. A morte não se mostra em toda parte tão próxima, mas em toda parte está presente.

Dissipa minhas trevas, pois será para ti mais fácil me dar uma aula para a qual já estou preparado. A natureza nos fez dóceis e deu-nos uma razão que, embora imperfeita, pode se aperfeiçoar. Discute comigo sobre a justiça, a piedade, a sobriedade e as duas castidades: aquela que poupa a outra pessoa, bem como a que cuida de si mesmo. Se não quiseres me conduzir por caminhos tortuosos, chegarei mais facilmente ao termo a que aspiro. Pois como diz o poeta trágico:

SIMPLES É A LINGUAGEM DA VERDADE.

Dessa forma, não é necessário complicá-la, não há nada menos apropriado para uma grande alma do que esses astuciosos recursos do espírito. **ADEUS.**   Tradução Willian Li

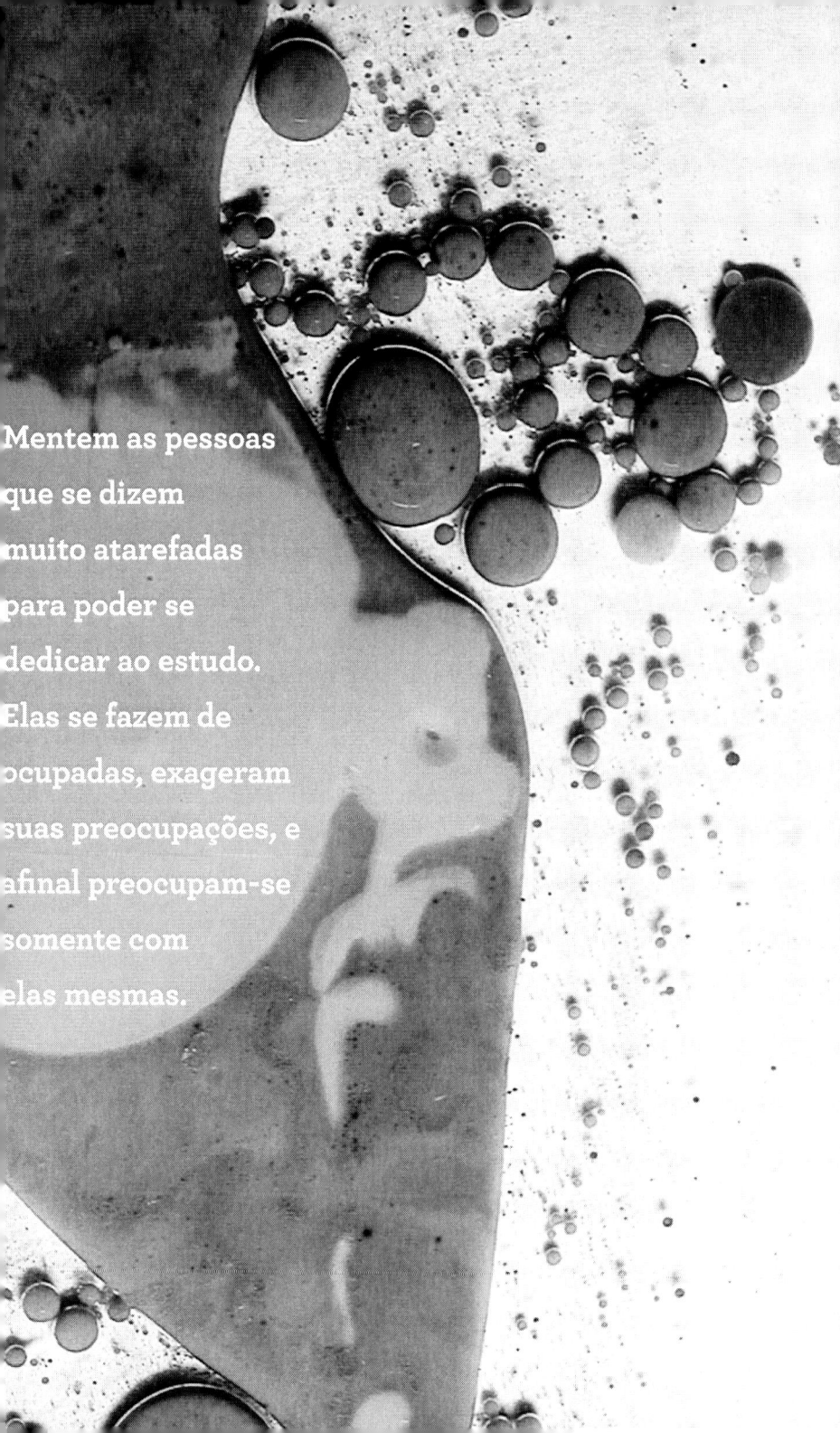

Mentem as pessoas que se dizem muito atarefadas para poder se dedicar ao estudo. Elas se fazem de ocupadas, exageram suas preocupações, e afinal preocupam-se somente com elas mesmas.

CARTA LXII
# Sobre as boas companhias

**Sêneca saúda seu amigo Lucílio**

Mentem as pessoas que se dizem muito atarefadas para poder se dedicar ao estudo. Elas se fazem de ocupadas, exageram suas preocupações, e afinal preocupam-se somente com elas mesmas. Minha liberdade, Lucílio, é plena e inteira; onde estiver, estou livre para mim mesmo; eu não me entrego às coisas, mas as aproveito e não fico correndo para cá e para lá com pretextos que desperdiçam meu tempo. Em qualquer lugar que eu esteja, volto-me para meus pensamentos e me concentro, na minha alma, em algo de salutar. Quando estou com amigos, não me distancio de mim mesmo. Não me deixo ser tomado por pessoas com as quais a obrigação social colocou-me em companhia: pertenço apenas aos mais virtuosos. Seja onde for sua pátria ou em que século tenham vivido, é para eles que se volta o meu pensamento. Demétrio é a própria virtude; eu o levo a todo lugar comigo e, deixando de lado os que se vestem de púrpura, converso com um despojado: eu o admiro. Pois é preciso admirá-lo, visto que não lhe falta nada. Uma pessoa pode desprezar todas as coisas, mas não há quem possa ter todas as coisas. Para ser rico, a via mais curta é o desprezo das riquezas. Nosso Demétrio não vive como um homem que despreza todos os bens materiais, mas como quem deixa aos outros sua posse. **ADEUS.**

Tradução **Willian Li**

## CARTA LXIII
# Sobre o pesar pelos amigos falecidos

Sêneca saúda seu amigo Lucílio

Causa-me pesar o falecimento do teu amigo Flaco, mas não quero que sintas mais dor do que convém. Mal ousarei exigir que não te entristeças e sei que é melhor. Mas a quem caberá essa fortaleza de alma senão àquele que já se elevou muito acima da fortuna? Claro que tal acontecimento, por assim dizer, o incomodará, mas apenas isso. Nós porém podemos ser perdoados por irromper em lágrimas, se não correrem em excesso, mas se as reprimirmos. Os olhos não estejam secos com a perda do amigo nem se desfaçam em lágrimas. Devemos derramá-las, mas não nos lastimar com gritos de dor.

Pareço-te impor um comportamento insensível, pois o maior poeta grego concedeu o direito de chorar só por um dia, ao dizer que esse foi o tempo durante o qual Níobe se preocupou com comida? Perguntas de onde provêm as lamentações e o choro imoderado? Procuramos, por meio das lágrimas, mostrar a nossa saudade e assim não cedemos à dor, mas a ostentamos. Ninguém é triste só para si mesmo. Oh, infeliz insensatez! Há certa ostentação em nossa dor.

"Que fazer então?", dirás, "esquecer-me-ei do amigo?" Haverá somente uma breve lembrança dele junto a ti, se ela permanecer juntamente com a dor; qualquer acontecimento fortuito fará com que o riso se estampe em teu rosto. Não adio o tempo pelo qual toda a saudade se suaviza, e até o luto mais penoso cessa. Logo que deixares de te examinar, essa imagem de tristeza se afastará; agora tu mesmo conservas a tua dor. Mas a dor desaparece também para quem a guarda, e se dissipa tanto mais cedo quanto mais acerba é.

Façamos com que a recordação dos que nos deixaram seja agradável. Ninguém se volta prazerosamente para aquilo que é pensado com sofrimento. É inevitável que nos traga dor a lembrança do nome daqueles que amamos. Mas também essa ferida tem o seu prazer. Realmente, como costumava dizer o nosso Átalo, "a lembrança dos amigos falecidos é agradável, como certas frutas de gosto suavemente áspero, como nos deleita o próprio amargor num vinho bem velho; decorrido algum tempo, tudo o que nos oprimia se extingue, e nos sobrevém simplesmente o prazer". Se lhe damos crédito, "pensar nos amigos que estão vivos e bem é saborear bolo com mel; mas também é útil a recordação dos que viveram, embora esta não se dê sem certo amargor. Quem negaria também que as coisas acres e com algo austero estimulam o estômago?". Eu não sinto a mesma coisa, o pensamento de meus amigos me é suave e cheio de prazer. Pois eu os tinha certo de que os havia de perder, e os perdi como se ainda os tivesse. Faz, meu caro Lucílio, o que convém à tua equidade, deixa de interpretar mal os benefícios da fortuna; ela tirou, mas deu. Por isso nos aproveitamos dos amigos, porque é incerto o tempo durante o qual teremos essa oportunidade. Consideremos quantas vezes os deixamos ao partir para uma região longínqua, quantas vezes não os vimos quando habitavam no mesmo lugar; entenderemos ter perdido mais tempo entre os vivos. Tu, porém, suportarias os que tratam os seus amigos com muito descaso e depois os pranteiam com a maior lástima, e não amam a ninguém senão depois de o terem perdido? Essa é a razão, portanto, de se entristecerem com mais efusão: temem que se duvide do amor que tiveram aos amigos e buscam indícios tardios do seu afeto. Se temos outros amigos além destes, os prejudicamos e pensamos mal a seu respeito, pois têm pouca importância para nos consolar da perda de um só; se não os temos, maior dano nos causamos do que o recebido pela Fortuna; ela nos tirou apenas um e não fizemos amigo a quem quer que fosse. Além disso, ele nem mesmo amou muito aquele amigo único, pois foi incapaz de amar mais do que um. Se alguém, despojado de todas as vestes com a perda da única túnica que possuía, prefere lamentar-se a olhar em volta para ver como escapar do frio e encontrar algo com que cobrir os ombros, não é certo que te pareceria um tolo rematado?

Sepultaste aquele que amavas; procura aquele que possas amar. É melhor substituir o amigo do que chorar. Já sei que é muito repisado o que vou acrescentar, mas nem por isso o omitirei, porque é proferido por todos: quem não encontrou, com sua deliberação, um fim para a sua dor, achou-o com o tempo. É muitíssimo vergonhoso num homem prudente que o remédio da tristeza seja a lassidão em se entristecer. Prefiro que abandones a dor a que sejas abandonado por ela, e logo que possível desiste de fazer isso, porque, mesmo que queiras, não o poderás por muito tempo. Nossos antepassados estabeleceram para as mulheres um ano de luto, não a fim de o terem, mas para não o terem por mais tempo; para os homens, porém, não há nenhum tempo determinado pela lei, porque não é honroso. Dentre essas mulherzinhas, que mal se podem retirar junto da pira e arrancar do lado do cadáver, qual me apresentarás, cujas lágrimas tenham durado um mês inteiro? Nada mais cedo se transforma em ódio do que a dor. Ela, quando recente, encontra um consolador e atrai para si alguns outros, mas quando inveterada é escarnecida, e não sem razão. De fato, ou era simulada, ou insensata.

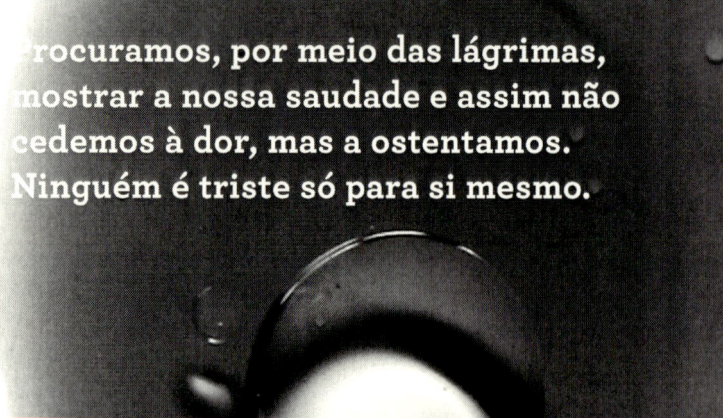

Procuramos, por meio das lágrimas, mostrar a nossa saudade e assim não cedemos à dor, mas a ostentamos. Ninguém é triste só para si mesmo.

Essas coisas te escrevo eu, que chorei tão imoderadamente por meu caríssimo amigo Aneu Sereno que, coisa de modo nenhum desejada por mim, figuro como exemplo daqueles que foram vencidos pela dor. Hoje, porém, condeno a minha atitude e compreendo que a principal causa de eu ter chorado daquela maneira foi a de nunca ter pensado que ele poderia morrer antes de mim. Só isso me ocorria à mente, que ele era mais moço e muito mais moço, como se o destino obedecesse à ordem cronológica.

Em vista disso, pensemos tanto na nossa condição mortal como na de todos os que amamos. Então eu deveria ter dito: "O meu caro Sereno é mais moço do que eu; que importa isso? Deve morrer depois de mim, mas também pode antes de mim." Porque não procedi assim, a Fortuna subitamente me golpeou despreparado. Agora considera que todas as coisas são mortais e morais conforme leis incertas. O que pode acontecer a qualquer hora pode ser que aconteça agora. Portanto, caríssimo Lucílio, pensemos que nós haveremos de chegar aonde lamentamos ter ele chegado. E talvez, se é verdadeira a opinião abalizada dos sábios e algum lugar nos acolhe, aquele, que julgamos ter perecido, foi somente enviado antes. **ADEUS.** Tradução João Carlos Cabral Mendonça

## CARTA LXXX
# Sobre os enganos do mundo

Sêneca saúda seu amigo Lucílio

Hoje tenho o tempo livre, não tanto devido a mim mesmo, mas por causa de um jogo de pela que afastou daqui todos os que me aborrecem. Ninguém me interromperá, ninguém perturbará meu raciocínio que, livre, procederá mais audaciosamente. Não me baterão à porta a todo instante, nem a cortina de meu gabinete será afastada; meus pensamentos poderão progredir em segurança, e isso é o mais importante para quem é independente e segue seu próprio caminho. Então não sigo meus predecessores? Sim, mas eu me permito descobrir novas coisas, modificar algumas e deixar outras de lado. Não sou um servidor deles, mas alguém que concorda com suas ideias.

Na verdade, fui muito ambicioso quando prometi a mim mesmo o sossego e o retiro sem aborrecimento. Não contava com o imenso clamor vindo do estádio e, se isso não me agita, desvia meu pensamento. E fico pensando em quanta gente que se preocupa em cultivar o corpo, mas não a alma, no afluxo enorme de pessoas que buscam uma distração da qual não se tirará nenhum proveito e em que descaso ficam as boas artes. Quão débeis são as mentes desses atletas cujos músculos e envergadura nós admiramos! Mas há uma coisa que fico a revolver na minha mente sem parar: se o corpo pode ser treinado a ter uma tal capacidade de resistência de modo que aguente os golpes e socos de vários adversários ao mesmo tempo, e isso durante um dia inteiro, em pleno sol e na poeira ardente, e perdendo o próprio sangue, como é mais fácil para a alma fortalecer-se contra os golpes de fortuna e não ser derrotada e, uma vez tendo sucumbido, erguer-se novamente!

Pois é necessário ao corpo muitas coisas para manter a sua força; a alma, pelo contrário, se desenvolve, se fortifica e se exercita pelo esforço pessoal interior. Os atletas necessitam de uma enorme quantidade de alimento, bebidas, óleos e cuidados infinitos. Quanto à virtude, podes chegar a ela sem aparato, sem despesas. O que é preciso para tornar-se bom? Apenas querer. E que coisa melhor poderias desejar para ti do que livrar-te da escravidão, uma escravidão que oprime todos os homens e de que mesmo nossos escravos da categoria mais baixa e nascidos na degradação se esforçam por livrar-se com todas as suas forças? Para adquirir a liberdade eles entregam suas economias que foram juntadas a custo de fome; e tu, não estarias também disposto a adquirir a tua liberdade a todo custo, tu que pensas ser livre de nascença? Para que ficar olhando para o cofre? A liberdade não pode ser comprada. Portanto, é enganosa a palavra "livre" que aparece nos registros públicos: nem os que a compraram nem os que a venderam são livres. Tu mesmo deves proporcionar esse bem a ti, e procurá-lo por ti mesmo.

Em primeiro lugar é necessário que te libertes do medo da morte, pois é um jugo sobre nossos ombros; o passo seguinte é perder o medo da pobreza. Se queres comprovar que a pobreza não é um mal, basta comparar a fisionomia do pobre e a do rico. O pobre ri com mais frequência e de maneira mais espontânea. A inquietude jamais o atinge profundamente; se lhe vem alguma preocupação, é como uma nuvem passageira. Mas a alegria daqueles que são considerados felizes frequentemente é fingida, enquanto sua tristeza é pesada e doentia, e mais pesada ainda porque muitas vezes não podem nem sequer a demonstrar, mas fingem a alegria em meio às preocupações que corroem seus corações. Faço sempre uso de uma comparação, que para mim ilustra perfeitamente a comédia da vida humana, na qual fomos designados a desempenhar tão mal nossos papéis. O personagem de uma peça de teatro se apresenta majestosamente e recita de maneira grandiosa:

> Eis! Eu sou o rei de Argos; Pélope me legou o reino
> Que se estende desde o Helesponto e o mar Jônio,
> Vasto istmo.

E quem é ele? Não passa de um escravo que recebeu cinco medidas de trigo e cinco denários. E outro, orgulhoso e confiante em seu poder, que diz:

> Se não te aquietares, ó Menelau, morrerás por minha mão,

este mal recebe uma ração diária e dorme sobre trapos. Podemos dizer a mesma coisa desses requintados que andam de liteira e elevam suas cabeças acima da multidão. Sua felicidade é uma máscara que usam em público; eles te causarão piedade se a tirares.

Quando compras um cavalo, mandas tirar o manto que o recobre; ao comprar um escravo, queres vê-lo despido a fim de que possas verificar se não há imperfeições em seu corpo. E, quando julgas um homem, tu o julgas com tudo aquilo que o dissimula? Os negociantes de escravos camuflam com astúcia todos os defeitos que poderiam afastar os compradores, e é isso mesmo que causa a suspeita nos clientes. Se observasses uma perna ou um braço envolto em panos, mandarias que fossem retirados para que te mostrassem o corpo nu. Vês o rei dos Citas ou dos Sármatas, tão impressionante com seu diadema? Se queres conhecê-lo de verdade, retira o diadema; há muita maldade por trás dele. Mas para que falar dos outros? Se queres avaliar a ti mesmo, põe de lado tua fortuna, tuas propriedades, as honrarias, e considera a tua própria alma. Pois, até o momento, estás te avaliando segundo a opinião alheia. **ADEUS.**  Tradução **Willian Li**

Quando compras um cavalo, mandas tirar o manto que o recobre; ao comprar um escravo, queres vê-lo despido a fim de que possas verificar se não há imperfeições em seu corpo. E, quando julgas um homem, tu o julgas com tudo aquilo que o dissimula?

CARTA XCIII
# Sobre a qualidade da vida, comparada com sua duração

Sêneca saúda seu amigo Lucílio

Na carta em que te queixas da morte do filósofo Metronax (como se ele pudesse ou devesse viver mais), não reconheci o espírito de justiça que abunda em ti com relação a todas as pessoas e todas as coisas, mas o percebi ausente com relação a um único assunto – como falta também em todo o mundo. Com efeito, já encontrei muitos que se dão bem com os homens, mas com os deuses, nenhum. Nós acusamos todos os dias o destino e dizemos: "Por que esse foi arrebatado em pleno curso de sua carreira?" "Por que não aquele outro?" "Por que aquele prolonga a velhice, que é um fardo para si mesmo e para os outros?"

O que te parece, pergunto, mais razoável: que obedeças à natureza ou que ela te obedeça? Que importa, afinal de contas, sair antes ou mais tarde de onde se deve mesmo sair? O essencial não é viver por muito tempo, mas viver plenamente. Tu viverás por muito tempo? É da esfera do destino. Plenamente? Isso só depende de tua alma. A vida é longa se ela está plena. Ora, ela está plena desde o momento em que a alma tomou posse do bem que lhe é próprio e não depende senão dela mesma. De que servem, a esse homem, oitenta anos passados sem ter feito nada? Ele não viveu, apenas restou por algum tempo na vida. Ele não morreu tarde, mas ficou morrendo por longo tempo. Viveu oitenta anos, mas viveu mesmo? Importa saber a partir de quando se conta sua morte.

Mas aquele outro morreu em plena atividade, ele, ao menos, cumpriu os deveres de um bom cidadão, de um bom amigo, de um bom filho, ele não hesitou em nenhum ponto. Se ele não atingiu o termo de sua idade, a obra de sua vida está no entanto acabada. O outro viveu oitenta anos; não, melhor: ele perdurou por oitenta anos, a menos que tu entendas que viver é como as plantas e os vegetais fazem.

Eu te peço, Lucílio, façamos de maneira que, como as pedras preciosas, nossa vida valha não por sua duração, mas por seu peso. Meçamo-la pela sua atividade real, não pela duração. Queres saber a diferença que há entre o gênio vigoroso, o que despreza a fortuna, o que, após ter-se dobrado a todas as contingências da vida conheceu as mais sublimes felicidades, e aquele homem que apenas viu escoar seus anos? Um ainda vive após ter desaparecido; o outro, antes de morrer, já havia cessado de existir.

Dessa forma, portanto, honremos e coloquemos entre os mais felizes aquele que, de todos os dias que lhe foram dados, soube fazer um uso frutífero. Ele conheceu a verdadeira luz. Não foi um dentre muitos; viveu e fortificou-se. Às vezes gozava de um céu sereno, às vezes, como acontece, os raios do sol com toda a sua força eram obscurecidos por nuvens. Por que perguntas qual foi a duração de sua vida? Ele vive, passou de uma só vez para a posteridade e se dá à memória.

E nem por isso recusarei um acréscimo de anos à minha vida. Mas, se o curso de minha vida for interrompido, todavia não direi que minha felicidade foi incompleta. Não me prepararei para aquele dia que minha ávida esperança me prometeu como sendo o último. Não há dia que eu não tenha considerado como o último de meus dias. Por que perguntas quando nasci e se eu me encontro ainda na lista dos jovens? Já recebi minha parte. Da mesma forma que um homem perfeito pode ser encontrado num corpo acanhado, assim também a vida pode ser per-

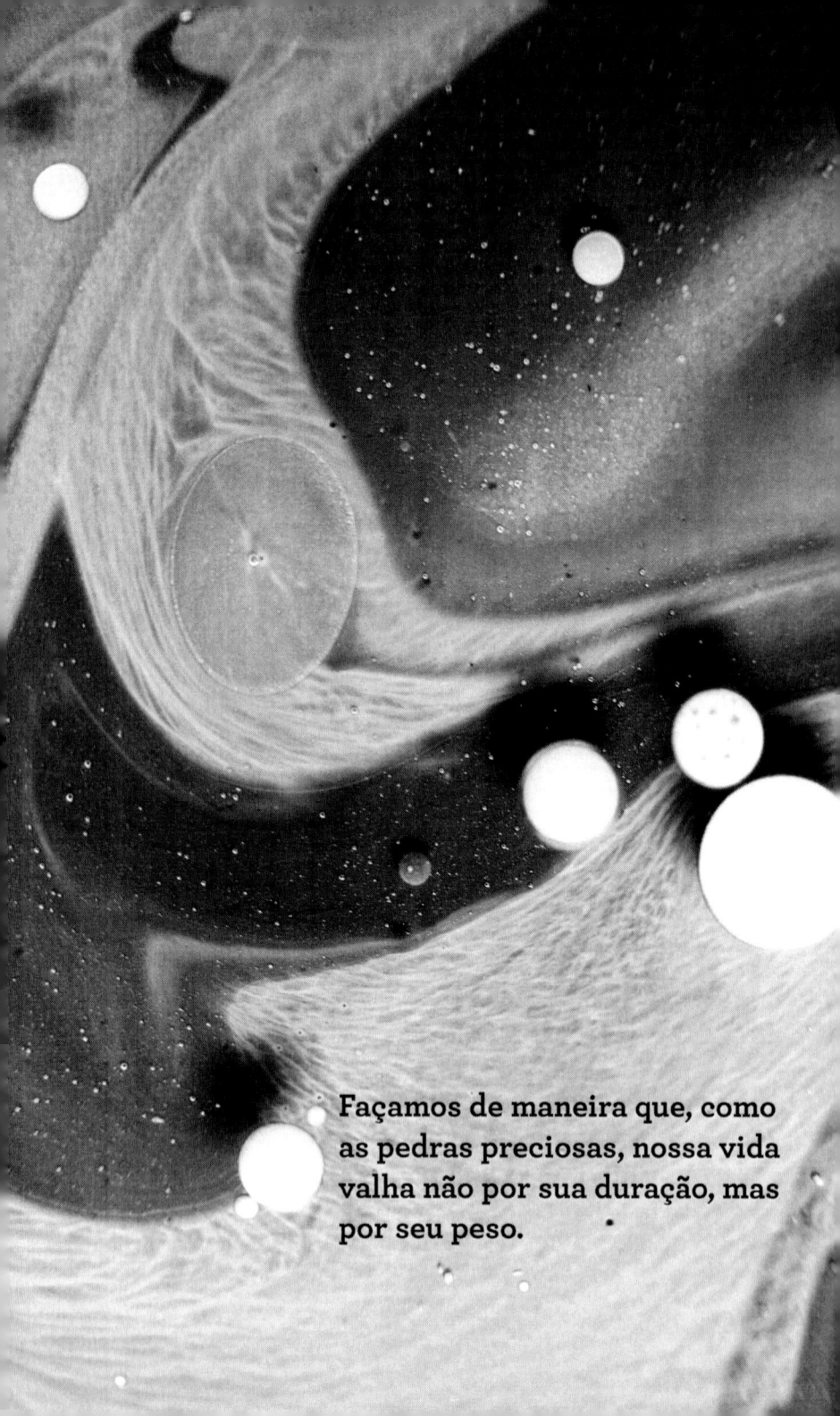

**Façamos de maneira que, como as pedras preciosas, nossa vida valha não por sua duração, mas por seu peso.**

feita numa duração diminuta. Quanto tempo serei, não me pertence. Pertence-me o que serei, enquanto for. Isto se exige de mim: não percorrer ignobilmente as fases da vida; governá-la, e não ser levado por ela.

    Queres saber qual é a vida mais longa? Aquela que tem seu termo na sabedoria. Chegar a esse termo é ter chegado ao fim mais longínquo, e também mais alto. Então ele pode se glorificar audaciosamente, render graças aos deuses e, dentre os deuses, a ele mesmo, e obrigar a natureza a agradecer-lhe pelo que é, pois ele devolve às suas mãos uma vida melhor que a que recebeu. Ele fixou o tipo ideal do homem de bem, mostrou sua qualidade e sua grandeza. Se acrescentasse algo a seus dias, não faria senão continuar seu passado.

    Afinal de contas, até quando queremos viver? Tivemos a oportunidade de conhecer todas as coisas; sabemos de que maneira se desenvolvem os princípios da natureza, como ela ordena o mundo, por que movimento das estações ela fecha o ciclo anual, como ela deixa circunscritos todos os fenômenos que uma vez ocorrerão, sem buscar seu fim fora de si mesma. Sabemos que os astros giram por impulso próprio, que, excetuando-se a Terra, nada é fixo, que todo o resto percorre seu curso com velocidade constante. Sabemos que a lua ultrapassa o sol porque, sendo mais lenta, deixa-o atrás de si apesar de mais rápido, de maneira que ela recebe ou perde sua luz, e também que uma traz a noite e outro o dia. Resta-nos subir aos espaços onde essas maravilhas podem ser contempladas de perto.

    "E agora", diz o sábio, "a esperança de um caminho que me está aberto em direção aos deuses não me faz partir com mais coragem. Mereci, sem dúvida, ser introduzido em sua morada e de fato já estive na companhia deles; para cima é que se elevava meu pensamento e seus pensamentos chegaram a mim. Mas suponha que eu estivesse aniquilado, suponha que nada reste após a morte; minha coragem continua igual, mesmo que ao abandonar o mundo eu não vá para lugar nenhum."

"Mas ele não viveu tanto quanto poderia ter vivido." Um pequeno número de linhas pode formar um livro, e um livro estimável e útil. Sabes bem como os Anais de Tanúsio são volumosos e como são chamados. A vida longa de certos homens é precisamente a mesma coisa, como os Anais de Tanúsio. Achas que o gladiador morto no último dia dos jogos é mais feliz que o morto no meio? Podes imaginar um desses homens tão loucamente agarrados à vida para preferir ser estrangulado no vestiário a sê-lo na arena? O intervalo segundo o qual nos seguimos uns aos outros não é grande. A morte está sempre presente, sem omitir ninguém; o assassino segue sua vítima. Um momento apenas é o que as pessoas discutem com tanto empenho; e de que serve evitar por mais ou menos tempo o inevitável? **ADEUS.**

Tradução **Willian Li**

**CARTA XCVI**
## Como enfrentar as contrariedades

**Sêneca saúda seu amigo Lucílio**

Tu te indignas e te queixas! Não percebes que todo mal provém não daquilo que te acontece, mas de tua indignação e queixas? Se queres que eu te diga, a meus olhos não há miséria para um homem a não ser a de considerar que algo que está na natureza das coisas possa ser miserável. Não suportarei nem a mim mesmo no dia em que achar algo insuportável.

Tenho saúde má: é uma das consequências de meu destino. Meus criados estão no leito, minhas rendas sofreram uma súbita queda, minha casa se rompe na base, perdas materiais, ferimentos, fadigas, o medo se apossa de mim: essas coisas acontecem. Melhor dizendo, elas devem necessariamente acontecer, pois não são casuais, mas determinadas.

Creia-me, o que te revelo agora são meus sentimentos mais íntimos: sempre que a vida me parece adversa e cruel, eis a regra que eu me fiz: em vez de obedecer a deus, estou com ele. Sigo-o porque quero, e não porque devo segui-lo. Nada do que me acontecer receberei com tristeza e o semblante alterado. Sempre me contentarei de boa vontade com meu tributo; ora, tudo o que provoca nossos gemidos e nossos medos é tributo da vida. E eu, meu caro Lucílio, não espero estar isento deles.

Um mal da bexiga compromete teu repouso? O correio levou tristeza ao proprietário, anunciando prejuízo sobre prejuízo? Vou mais longe: tu temes por tua cabeça? Ora vamos! Não sabias que desejavas todas essas tribulações ao querer envelhecer? Tudo isso se encontra no curso de uma longa vida, como a poeira, a lama, a chuva numa viagem.

E tu dizes: "Eu gostaria de viver, mas livre de todos esses incômodos." Palavra tão efeminada não é digna de um homem. Toma como quiseres este voto se não pelo que tem de bom, pela minha boa vontade: "Não queiram os deuses e as deusas que a fortuna te mantenha na luxúria!" Pergunta a ti mesmo, supondo-se que um deus permita escolher, se preferes viver no mercado ou no campo.

Pois bem: viver, Lucílio, é ser soldado. É por isso que aqueles que se abandonam a tarefas ingratas através dos penhascos, de desfiladeiros em desfiladeiros sobem e vão por conta própria às missões mais perigosas, são os corajosos e a elite do regimento; quanto àqueles que têm por ocupação apenas um repouso nauseabundo e ocupações leves, enquanto os outros se esforçam ao máximo, não passam de frangos encharcados que mal encontram abrigo para a sua ignomínia. ADEUS.  Tradução Willian Li

CARTA XCVIII
## Sobre a fugacidade da fortuna

**Sêneca saúda seu amigo Lucílio**

Não imagines que um homem é feliz quando seu equilíbrio depende da felicidade material. Quem faz seu contentamento provir daquilo que vem de fora apoia-se em bases frágeis. Toda alegria que assim entra irá embora, mas aquela que nasce de si é segura e sólida; ela aumenta e acompanha nossa caminhada até o fim. Quanto aos bens tão admirados pelo vulgo, não são bens senão por um dia. "Mas então não podemos encontrar aí proveito e prazer?" Ninguém nega, desde que eles dependam de nós e não nós deles. Tudo o que provém da fortuna não traz fruto algum, nenhuma satisfação, se o possessor não possui a si mesmo e não toma posse daquilo que lhe pertence. É um abuso, Lucílio, supor que a fortuna tenha o poder de nos fazer o bem ou o mal; ela fornece a matéria de nossos bens e de nossos males, os elementos daquilo que junto de nós se desenvolverá em bem ou mal. Pois a alma é mais poderosa que todos os esforços da fortuna. No bom ou no mau sentido, a alma dirige os seus destinos soberanamente e não deve senão a ela própria sua felicidade ou miséria.

Se é má, transforma tudo num mal, mesmo aquilo que se apresenta sob a aparência do maior bem; se é reta e sã, corrige todos os erros da fortuna, ameniza seus rigores praticando a arte da tolerância, acolhendo com reconhecimento e modéstia a prosperidade e com firmeza e valentia as desgraças. Apesar da sabedoria, apesar do juízo afiado que preside a todos os seus atos, apesar da atenção que tem para não tentar nada além de suas forças, não obterá esse bem, inalterado, colocado fora de qualquer ameaça se, em face da incerteza das coisas, não se abrigar na certeza. Quer observes os outros – pois julgamos mais livremente aquilo que não nos é pessoal – ou a ti mesmo com imparcialidade, aceitarás que nada do que desejas e estimas é útil se não te fortificas contra a inconstância da sorte e dos acidentes que dela dependem; se, em todos os contratempos, tu repetes sem te queixares: "Os deuses julgaram diferentemente." Mas não! Vou te fornecer uma fórmula mais rija, mais justa, que sustente melhor a tua alma. Dize, a cada vez que acontece algo contrário do que esperavas: "Os deuses julgaram melhor que eu."

Se estás assim equilibrado, nada te atingirá. Ora, adquirimos esse estado começando por imaginar o poder das vicissitudes humanas antes mesmo de experimentá-las; isto é, possuindo filhos, mulher, patrimônio, sabendo que talvez não se possuirá para sempre, assim, se perdermos a posse desses bens, não seremos por isso mais infelizes. Bastante miserável é a alma obcecada pelo futuro, infeliz antes da infelicidade, desejosa de possuir para sempre as coisas que a deleitam. Não terá repouso, e a impaciência de querer saber o futuro lhe fará perder o presente do qual poderia desfrutar. Temer a perda de um bem é o mesmo que perdê-lo.

Não pense que eu prego a indiferença. Não temas os acontecimentos terríveis. Tudo o que a prudência humana pode prever, abarca-o com o teu olhar. Seja qual for a prova que te ameaça, não esperes que ela te atinja: vê o momento em que ela chega e passa ao largo. Aqui também nada te será mais eficaz que a confiança em ti e o firme propósito de suportar tudo. Podemos nos sentir ao abrigo da fortuna quando sentimos força para suportar seus golpes. Seja como for, não é com ondas de calmaria que nasce a tempestade. Não há nada de mais lamentável, nada de menos sábio, que um medo antecipado. Que demência é essa, de antecipar o infortúnio? Resumindo, e para bem descrever esses algozes de si próprio, digo que eles passam pelo mesmo na espera e no sofrimento de suas misérias. Esse homem se aflige mais do que é necessário, se aflige antes que seja necessário; a mesma fraqueza que faz com que saiba ver a aflição faz também com que não saiba julgá-la; a mesma intemperança que faz com que ele imagine poder ter uma felicidade sem fim considera que tudo de bom que lhe acontece deve não somente durar mas também crescer, e, esquecendo de que estamos como o equilibrista, promete a si a constância de tudo o que é fortuito.

Por isso, considero ímpar o dito de Metrodoro, em carta de consolação para sua irmã que havia perdido o filho, rapaz de grande futuro: "Todos os bens dos mortais são mortais." Ele está se referindo àqueles bens na busca dos quais os homens acorrem afoitamente. Pois o verdadeiro bem não perece; ele é certo e duradouro, e consiste na sabedoria e na virtude, ele é a única coisa imortal que cabe aos mortais. Mas os homens são tão displicentes, esquecem tão facilmente a meta para onde cada dia os empurra, que se admiram de perder tal ou tal coisa, embora algum dia estejam destinados a perder tudo. Todos esses bens dos quais te intitulas "possessor" estão contigo, mas não pertencem a ti. Não há nada de firme para o fraco;

Mas os homens são tão displicentes, esquecem tão facilmente a meta para onde cada dia os empurra, que se admiram de perder tal ou tal coisa, embora algum dia estejam destinados a perder tudo.

para o frágil, nada de eterno e invencível. É tão necessário perder quanto perecer, e isso mesmo, se entendemos bem, é uma consolação. Perde sem dor, porque também perderás tua vida.

Para diminuir os efeitos dessa perda, que recurso temos? O de guardar a lembrança das coisas perdidas, e por esse meio não deixas desvanecer com elas o proveito que tenhas tirado. Vai-se a posse, fica para sempre a vantagem de ter possuído. É bem ingrato quem, quando não tem mais nada, pensa nada dever por aquilo que recebeu. A sorte nos retira a coisa, mas deixa seu fruto, que nossas queixas sempre nos fazem perder. Dize-me: de todos os males que parecem temíveis nenhum é invencível; todos, um após outro, encontraram seu vencedor. Múcio vence o fogo; Régulo, a tortura; Sócrates, o veneno; Rutílio, o exílio; e Catão, a morte com um golpe de espada. Quanto a nós, tenhamos também as nossas vitórias. De outro lado, essas aparentes felicidades que chamam a atenção do vulgo foram mais de uma vez desdenhadas por diversas pessoas. O comandante Fabrício recusou a riqueza, como censor ele a dobrou. Tuberão julgou a pobreza digna de si e do Capitólio no dia em que, num festim público, usou um prato de cerâmica; mostrou que o homem deve contentar-se com as coisas que os deuses ainda usavam. O ancião Sexto rejeitou as honras, ele, que havia nascido para dirigir os negócios públicos: não aceitou a toga laticlava que César lhe oferecia, pois sabia que o que pode ser dado pode também ser retirado. Nós também, de nossa parte, realizemos uma ação generosa! Tomemos lugar entre esses modelos.

Por que razão falhamos? Por que perdemos a esperança? Tudo aqui que já foi feito pode-se fazer. Comecemos por purificar nossa alma e sigamos a natureza: quem se afasta dela condena a si próprio a desejar e a temer, e a depender servilmente da sorte. Nós podemos retomar o caminho, nós podemos tomar posse novamente de nossos direitos. Retomemo-los, e saberemos suportar até o fim as dores, qualquer que seja o modo como ataque nosso corpo, e diremos à fortuna: "Tu estás lidando com um homem. Procura em outro lugar alguém para te apossares."

  É graças a essas palavras e outras semelhantes que a malignidade de uma úlcera é abrandada, e prefiro, creia-me, que ela possa ser atenuada ou curada ou ao menos que se mantenha estacionada, e ainda que envelheça juntamente com o paciente. Mas estou seguro quanto ao paciente; o que estamos discutindo agora é nossa própria perda, o arrebatamento de um notável ancião. Pois ele próprio viveu uma vida plena e, se ele deseja que ela se prolongue, não é tanto para si, mas para aqueles a quem presta serviço. Viver é uma generosidade de sua parte. Um outro já pôs fim a esses tormentos. Estima tão vergonhoso se refugiar na morte quanto fugir dela. "Mas quê? Se as circunstâncias me levarem a isso, não devo ir?" Por que não irá se não é mais útil a ninguém, se não tem mais nada a fazer senão sofrer? Eis, meu caro Lucílio, o que se chama instruir-se na filosofia por obras e se exercitar na verdade: é ver de que firmeza um homem esclarecido é capaz diante da morte, da dor, da aproximação de uma, da pressão de outra. Aprendamos o que deve ser feito daquele que fez.

  Até aqui procuramos saber, com argumentos, se é possível a um indivíduo qualquer resistir à dor, se a morte, quando está próxima, chega a subjugar as grandes almas. Coloquemo-nos diante dos fatos: não é a morte que fortifica esse homem diante da dor, nem é a dor que o fortifica diante da morte. Em face dessas duas, ele tem confiança em si mesmo. Não é a esperança da morte que o faz suportar pacientemente a dor, nem é o cansaço do sofrimento que o faz morrer de bom grado; ele suporta a dor e espera a morte. **ADEUS.**         Tradução Willian Li

**CARTA XCIX**
# Sobre a consolação do enlutado

**Sêneca saúda seu amigo Lucílio**

Venho enviar-te a carta que escrevi a Marulo quando perdeu um filho de tenra idade, morte que, dizia-se, suportou com frouxidão; nela não segui meu costume nem julguei que devia tratá-lo com suavidade, dado que era mais digno de repreensão que de consolo. Porque com o aflito que suporta mal uma grande ferida há que ter alguma condescendência; farte-se de chorar, e mitiguem-se-lhe ao menos os primeiros ímpetos. Mas aqueles que tomaram o chorar como um prazer, estes sejam castigados imediatamente e aprendam que ainda nas lágrimas pode haver estupidez.

"Esperas pêsames? Toma descompostura. Tão frouxamente suportas a morte do filho? Que farias se tivesses perdido um amigo? Morreu-te um filho de incertas esperanças; era pequenino; pouco tempo se perdeu nele. Andamos a buscar motivos de dor e queremos queixar-nos injustamente da fortuna, como se ela não nos devesse dar motivos sobejos de queixas justificadas; mas, por Hércules!, eu já te julgava com suficiente coragem contra os males verdadeiros, quanto mais contra essas sombras de males de que se queixam os homens não mais que por costume. Se tivesses perdido um amigo, que é a maior das perdas, deverias, ainda assim, empenhar-te mais em gozar porque o tiveste do que em atribular-te por tê-lo perdido.

"Mas são muitíssimos os homens que não contam quantos bens receberam nem quantos gozos desfrutaram. Esse mal tem, entre outras, esta desvantagem: é não somente baldio mas também ingrato. E, pois, por teres perdido tal amigo, ter-se-á frustrado todo o teu afã? De nada serviram tantos anos, tanta identificação de vidas, tanta familiaridade e camaradagem de estudos? Com o amigo enterras a amizade? E por que lhe choras a perda se não te aproveitou seu convívio? Crê-me: uma parte muito grande daqueles que amamos, conquanto no-los tenha tirado o destino, permanece conosco. Nosso é o tempo que passou, e nada está em lugar tão seguro como aquele que foi. Na esperança do futuro somos ingratos para com os bens que possuímos, como se aquilo que há de vir, se é que chegue a vir algum dia, não tivesse de cair imediatamente no passado. Minguado cabedal faz das coisas aquele a quem só contentam as presentes; também as futuras e as passadas têm seu deleite; aquelas, na esperança; estas, na lembrança; sucede porém que o futuro está suspenso e pode não vir, e o passado não pode deixar de ter sido.

"Que loucura é essa de deixar perder-se aquilo que é mais seguro? Contentemo-nos com os gozos que já haurimos, se é que não os hauríamos com a alma esburacada a deixar escorrer tudo o que ingeria. Não têm conta os exemplos dos que enterraram filhos moços sem derramar uma lágrima, voltando-lhes da pira fúnebre para o Senado ou para qualquer outra função pública e pondo-se imediatamente a fazer outra coisa. E não sem razão; primeiramente, porque é inútil enlutar-se se nada se consegue com o luto. Depois, porque é coisa iníqua queixar-se do que nos aconteceu e que inexoravelmente está reservado a todos. E, por fim, porque é néscia a queixa da saudade quando o espaço que separa o que se perdeu daquele que o deseja é o menor possível. Precisamente porque iremos atrás dos que perdemos é que maior firmeza de alma devemos ter.

"Considera a velocidade do tempo, rapidíssimo; pensa na brevidade desse estádio por que corremos com celeridade suma; observa todo o cortejo dos seres humanos, que se encaminham para um mesmo lugar separados por intervalos mínimos, ainda que amplos nos pareçam: aquele que crês ter perdido só se te antecipou na partida. Que loucura maior que chorar aquele que partiu antes que tu, tendo tu de fazer a mesma jornada? Há alguém que chore um sucesso que não ignorava se iria realizar inexoravelmente? Quem se lamenta de que alguém tenha morrido se lamenta de ter nascido homem. Uma mesma lei nos tem a todos obrigados. A quem coube nascer está reservado o morrer. Separam-nos os trechos, mas iguala-nos o fim. Aquilo que está compreendido entre o primeiro dia e o último é vário e incerto; se tomas em conta as moléstias, ainda para a criança é longo; se tens em conta a rapidez, é breve ainda para o ancião. Nada há que não seja resvaladiço, e falaz, e mais volúvel que qualquer borrasca. Toda e qualquer coisa tem seu vaivém e se muda no contrário ao capricho tirânico da fortuna, e, em meio ao tão grande turbilhão das coisas humanas, para ninguém há coisa mais certa que a morte. E apesar disso todos se queixam daquilo ante o qual ninguém se pode enganar. 'Mas morreu ainda criança.' Não me atrevo ainda a dizer que vai melhor a quem logo se consuma a vida; passemos àquele que envelheceu. Em quanto ganhou ao jovem? Põe diante de tua vista a extensão do abismo do tempo, abarca-a em seu conjunto, e compara depois com a eternidade isso que chamamos a idade humana: verás quão pequeno é isso que desejamos, isso que quiséramos ampliar. E ainda deste tempo quanto não furta o pranto, quanto as ansiedades? Quanto a morte, desejada antes que chegue; quanto a doença; quanto o temor? Quanto não nos tomam os anos da ignorância e da inutilidade? Metade se passa dormindo. Acrescenta os trabalhos, as penalidades, os perigos, e dar-te-ás conta de que ainda na vida mais longa é um mínimo o que se vive. Mas quem te concederá que é mais afortunado aquele a quem foi concedido presto retorno e terminou o caminho antes que se cansasse? A vida não é um bem nem é um mal; é ocasião de bem e de mal. Assim, teu filho não perdeu senão a sorte de dano certo. Poderia sem dúvida ter sido modesto e prudente; poderia sob tua vigilância formar-se para o melhor; mas o menos incerto é recear que poderia ter sido como a maioria. Repara naqueles moços a quem a luxúria tirou das mais nobres casas para os lançar à arena; fixa-te naqueles que em reciprocidade impudica exercitam sua baixa paixão; nunca chegam ao fim do dia sem uma embriaguez ou qualquer outra grande ignomínia; e verás claramente que mais motivos há para o temor que para a esperança.

"Não deves, pois, fabricar causas de sofrimento nem aumentar com a falta de resignação o que não passou de leve mal. Não te exorto a que faças um esforço e te levantes; não te tenho em tão pouca estima que pense seja mister mobilizar toda a tua energia e virtude contra este contratempo. Isso não é dor, mas ardência; és tu que a converte em dor.

"Sem dúvida, grande proveito te terá trazido a filosofia se com ânimo forte sentires falta de uma criança mais conhecida de sua ama de leite que de seu pai. Quê? Aconselho-te eu agora a dureza, e que a seu mesmo enterro assistas com o semblante impassível e sem o mínimo aperto na alma? De maneira alguma. Inumanidade seria, e não virtude, isso de contemplar o enterro dos seus com os mesmos olhos com que se viam vivos e não comover-se à primeira separação dos familiares. Ainda, aliás, que eu quisesse proibir tais sentimentos, estão eles entre as coisas que não se podem legislar. Rolam as lágrimas ainda dos olhos que as retêm, e derramadas aliviam o luto. Que fazer, então? Permitamos-lhes que caiam; não as provoquemos; brotem as que derramar o sentimento, não as que o arremedo exigir que se mostrem. Nada acrescentemos à tristeza, nem a aumentemos pelo exemplo alheio. A ostentação da dor exige mais que a dor: sozinhos, a quanto monta a tristeza dos homens? Quando os ouvimos, gemem mais alto, e, se com maior silêncio e calma se conservam quando recolhidos, assim que veem alguém se obrigam a novos prantos. Então arrepelam os cabelos, coisa que poderiam ter feito com mais liberdade quando não havia ninguém para impedi-la; então dizem querer a morte e se revolvem no leito; sem espectador, cessa a dor. Segue-se que, tal como em tudo o mais, também nessas circunstâncias nos deixamos levar pelo vício de nos comportar segundo o exemplo dos outros e de atender não ao que convém, mas ao que é costume. Apartamo-nos da natureza e lançamo-nos nos braços do povo, mau conselheiro em tudo e, nesse ponto como em todos os demais, modelo de inconstância. Se vê alguém firme em sua dor, chama-o desumano e sem coração; se vê alguém prostrado e abraçado ao cadáver, chama-o efeminado e fraco. É preciso regular todas as coisas segundo a razão. E não há coisa mais estulta que criar fama de sofredor e ostentar lágrimas, das quais, segundo entendo, umas se permite ao sábio que deixe cair e outras fluem espontaneamente.

"Dir-te-ei a diferença. Quando a primeira notícia de uma morte sentida nos fulminou com sua brusquidão; quando nos abraçamos àquele corpo que de nossos braços passará às chamas, uma necessidade natural arranca-nos as lágrimas, e os soluços, impelidos para fora pelo golpe da dor, sacodem, como ao corpo todo, também os olhos, nos quais comprimem e expelem o humor que neles se encontra depositado. Essas lágrimas que se vertem por compressão caem contra nossa vontade; outras há a que damos saída ao evocar a memória dos seres que perdemos, e tem essa tristeza não sei que gosto de doçura quando se recordam as conversas aprazíveis que com eles tivemos, a convivência saborosa, a obsequiosa ternura; então os olhos se dilatam como de satisfação. Com essas lágrimas somos indulgentes; por aqueloutras somos vencidos.

"Não há razão, pois, para reter as lágrimas nem para derramá-las por consideração a quem te rodeia ou te faz companhia; nem reprimi-las nem soltá-las é tão vergonhoso como fingi-las: corram a seu talante. Podem correr plácidas e comedidas; muitas vezes, sem míngua de autoridade do sábio, correram com tal temperança que não lhes faltou humanidade nem dignidade. É possível obedecer à natureza sem que se perca a gravidade. Tenho visto, no enterro de entes queridos seus, varões merecedores de todo o respeito em cujo rosto assoma visivelmente o amor dolorido sem nenhuma encenação patética; não fazem concessão alguma senão à sinceridade do sentimento. Também a dor tem seu decoro; este é o que há de observar o sábio, e, como nas demais coisas, também nas lágrimas há a justa medida; nos insensatos, dores e gozos transbordam.

"Aceita com equanimidade o inevitável. Que coisa incrível, que coisa inédita te sucedeu? Quantos neste mes-

É próprio de peito inumano esquecer-se dos seus e enterrar-lhes a recordação com o cadáver, chorá-los copiosissimamente e recordá-los avaramente.

mo instante encomendam ofícios fúnebres; para quantos se compra a mortalha; quantos vão chorar depois de teu luto! Todas as vezes que pensares que era ainda criança, pensa que também era ser humano, a quem nada certo se prometeu, não se comprometendo a fortuna a levá-lo até a velhice; quando a esta lhe pareceu conveniente, despediu-o. Ademais, fala dele amiúde e celebra-lhe tanto como possas a memória, a qual voltará tanto mais amiúde a ti quanto menos azedume houver. Ninguém por gosto convive com o triste nem, muito menos, com a tristeza. Se ouviste com complacência algumas conversas suas, se viste com prazer alguns de seus jogos, por infantis que fossem, recorda-os com frequência e afirma com toda a segurança que ele teria podido realizar todas as esperanças que concebesse teu paternal afeto. É próprio de peito inumano esquecer-se dos seus e enterrar-lhes a recordação com o cadáver, chorá-los copiosissimamente e recordá-los avaramente. Assim amam a seus filhos as aves; assim as feras, cujo amor é concentrado, e violento, e quase raivoso, mas que, tão logo os perdem, se extingue totalmente. Isso é indigno de um homem prudente; seja longo na recordação e breve no pranto. Eu de maneira alguma aprovo aquilo que diz Metrodoro, a saber: que a tristeza traz consigo certa voluptuosidade e que há que penetrar-se dela nessas ocasiões. Transcrevo as mesmas palavras de Metrodoro: 'Há uma espécie de prazer no fundo da dor, prazer que é bom experimentar em tais situações.' Não duvido de tua opinião acerca de tal sentença: Que coisa há mais vergonhosa do que saborear o prazer no próprio luto, ou melhor, graças ao luto, e buscar nas lágrimas a volúpia? Esses são os que nos acusam de rigor excessivo e nos infamam os preceitos por sua dureza demasiada, porque dizemos que a dor ou não há de ser admitida no espírito, ou há de ser expelida imediatamente. Qual dessas duas coisas é ou mais incrível ou mais inumana: não sentir dor pela perda de um amigo ou procurar prazer na própria dor? O que nós preceituamos é coisa honesta; quando o sentimento já derramou algumas lágrimas, ou, por assim dizer, se aliviou, a alma não há de entregar-se à dor. Que é o que dizes? Que a dor há de mesclar-se com o deleite? Dessa maneira consolamos as crianças, com um doce; assim lhes detemos o choro, vertendo-lhes leite na boca.

"Nem sequer naqueles momentos em que teu filho arde na pira, ou em que exala seu último suspiro o amigo, toleras que cesse o prazer, querendo até que a mesma tristeza o ressume? Que é mais honesto: desterrar a dor da alma ou acolher juntamente com ela a voluptuosidade? 'Acolhê-la', disse eu? Buscá-la, e por certo fossando na própria dor. 'Existe', diz Metrodoro, 'uma espécie de voluptuosidade nascida simultaneamente com a tristeza.' Dizer isso é-nos lícito a nós outros; mas a vós não o é. Não conheceis outro bem senão o prazer, nem outro mal senão a dor – entre o bem e o mal que irmandade pode haver e que simultaneidade de nascimento? Mas, ainda que assim fosse, é agora que antes de tudo o quereis experimentar? Agora remexeis em vossa dor para ver se traz consigo algum sabor deleitoso? Alguns remédios saudáveis para certos órgãos não se podem aplicar, por indecorosos e feios, em outros, e o que em um lugar seria benefício sem atentar contra o pudor torna-se inconveniente segundo o lugar da ferida. Não te dá vergonha curar o luto por meio do prazer? Com mais severidade há de curar-se esta chaga. Melhor farias advertindo que a sensação do mal não pode chegar ao que faleceu, pois que, se lhe chega, não faleceu. Nenhuma coisa, repito, pode lesar quem já não existe; se o lesa, é que ele vive. Pensas acaso que alguém é infeliz por já não existir ou então por ainda ser? Nem pelo fato de não existir pode afetá-lo tormento algum – porque que sensação tem quem não existe? – nem o afeta o fato de ser, porque, sendo, está livre do mal maior da morte, que é, com efeito, o não ser.

"Digamos pois àquele que chora e sente saudades do filho arrebatado na infância: todos, moços e velhos, no que tange à brevidade da vida comparada com a eternidade, somos iguais. Porque o que nos coube da totalidade é menos do que se possa imaginar menor, porque ainda o menor de uma coisa é uma parte sua, e este tempo que vivemos é vizinho do nada. E, contudo, ó insensatez nossa!, buscamos dispor dele amplamente."

Escrevi-te essas coisas não porque tivesses de esperar de mim remédio tão tardio – porque estou seguro de ter-te dito de viva voz tudo quanto aqui lês –, mas para castigar-te daquele breve instante em que te afastaste de ti mesmo, e para exortar-te a que de hoje em diante levantes teu espírito contra a fortuna e prevejas todos os seus dardos, não como possíveis, mas como certamente vindouros. **ADEUS.**

Tradução **Carlos Nougué**

**CARTA CI**
## Sobre a futilidade de planejar o futuro

**Sêneca saúda seu amigo Lucílio**

Cada dia, cada hora nos faz ver quão pouco somos, e qualquer nova circunstância significativa rememora nossa fragilidade, caso tenhamos nos esquecido dela. Nós que sonhávamos com a eternidade somos obrigados a encarar a morte.

Tu me perguntas o significado de tal preâmbulo? Cornélio Senecião, cavaleiro romano, muito honrado e ativo, era conhecido de ti. De origem modesta, fez fortuna por si mesmo e tinha diante de si uma rota livre para todos os sucessos. Pois a dignidade cresce mais facilmente do que seu começo.

E do mesmo modo o dinheiro é lento a chegar onde há pobreza, permanece escasso enquanto provém dela. Já Senecião estava próximo de alcançar riquezas graças a duas aptidões indispensáveis a esse domínio: ele sabia adquirir e sabia também conservar, e uma ou outra coisa bastava para fazê-lo rico.

Esse homem, de uma perfeita simplicidade de costumes e que administrava tão bem sua pessoa quanto seus pertences, visitou-me de manhã segundo seu costume; ele passou o resto do dia até a noite na cabeceira de um amigo gravemente ferido e já condenado; tomou sua refeição com alegria quando de repente uma crise aguda de angina bloqueou-lhe a garganta; a custo sobrevive até o dia raiar. Dessa forma menos de algumas horas após ter cumprido os deveres de um homem são e cheio de vida, ele morreu. Ele, que estava fazendo investimento na terra e nos mares, que entrou também para a vida pública e não deixou de tentar nenhum tipo de negócio, enquanto gozava da plena realização de seu sucesso financeiro e estava no auge da fortuna, foi arrancado desta vida.

AGORA, MELIBEU, ENXERTA TUAS PERAS E ALINHA OS VINHEDOS.

Que estultice tão grande é fazer planos para o futuro quando não somos senhores nem do dia seguinte! Ó insensatos, que construís projetos para futuros distantes: "Eu comprarei, eu construirei, farei empréstimos, cobranças, ocuparei cargos. Depois disso, cansado e idoso, me entregarei ao ócio."

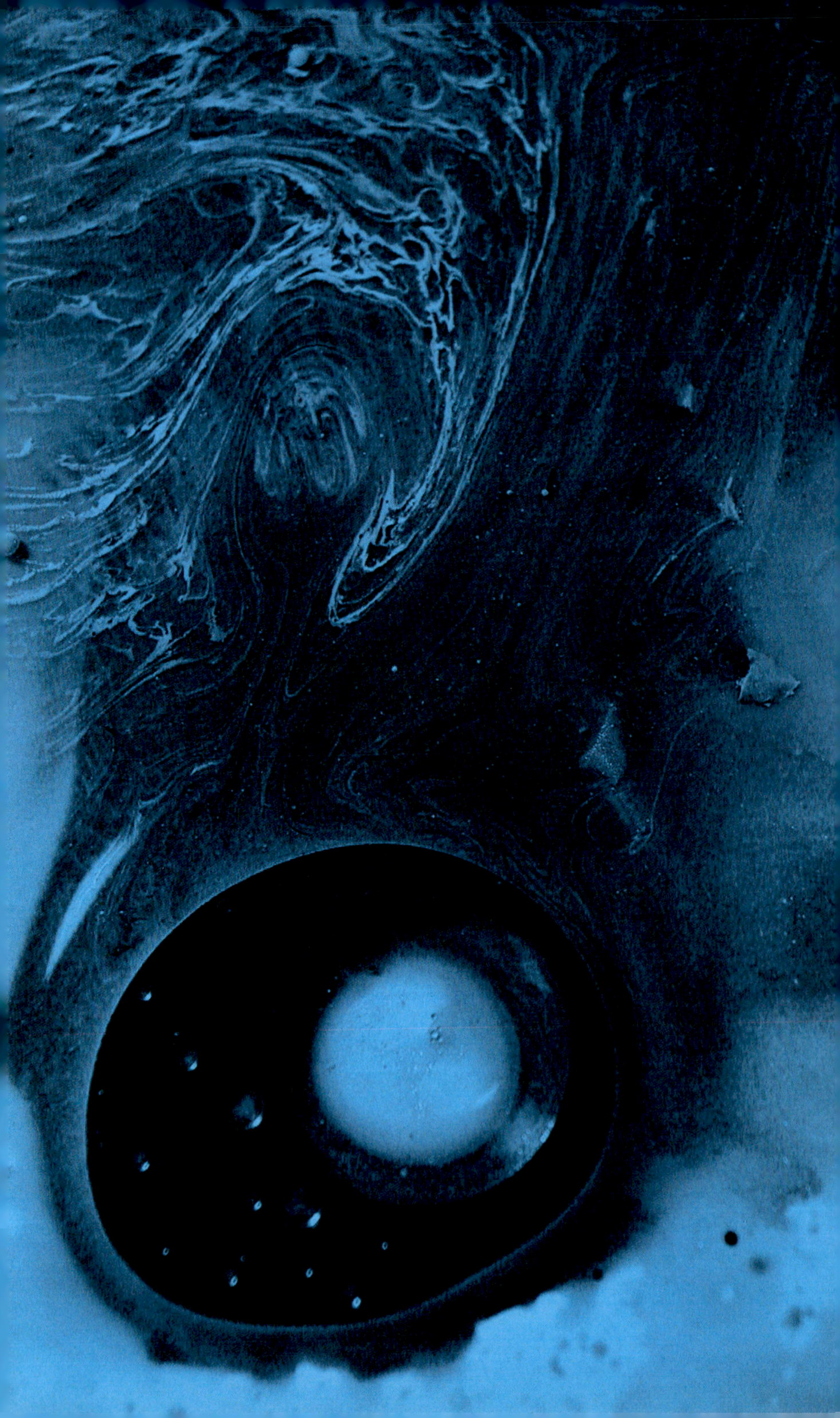

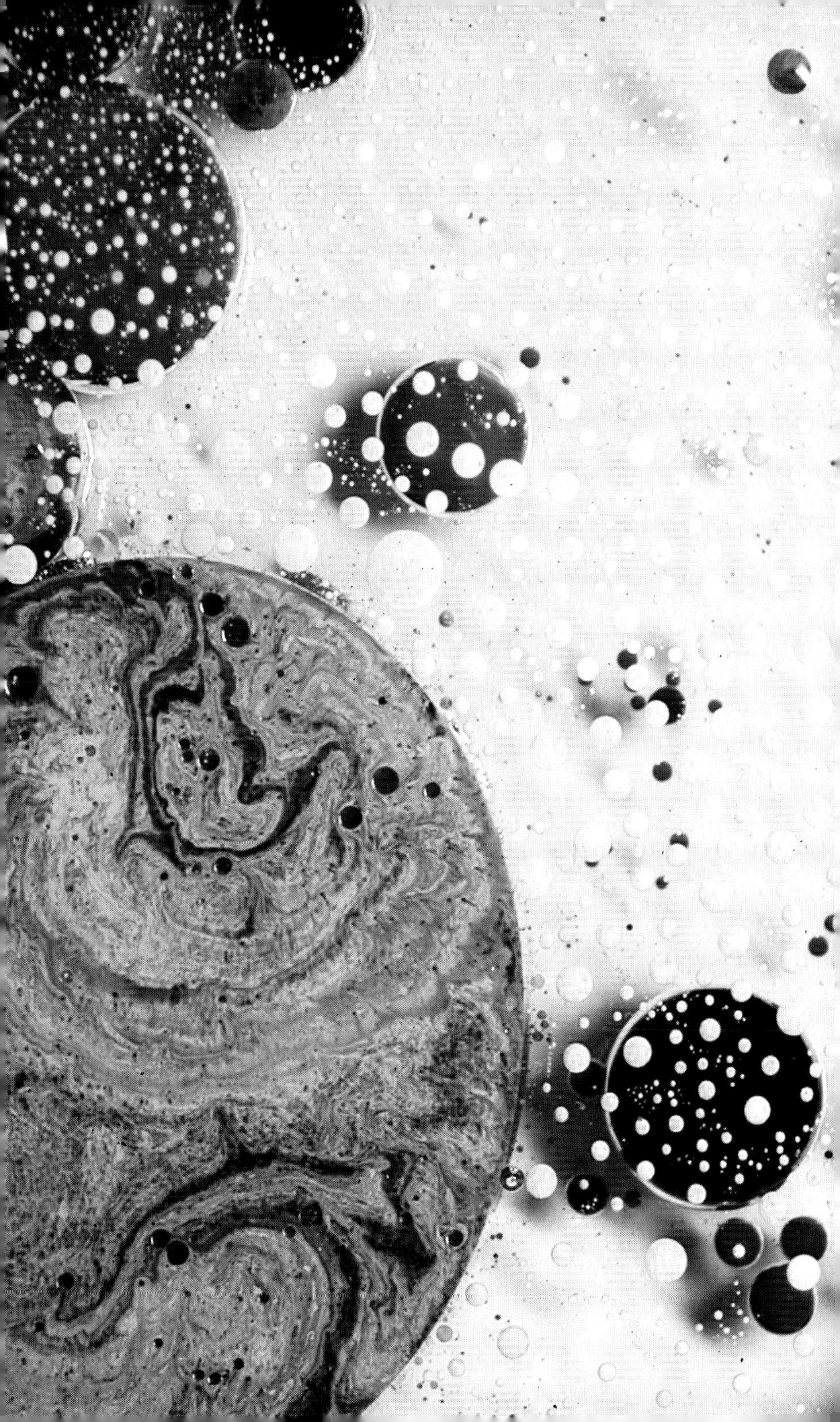

Tudo, acredita-me, é incerteza mesmo para os mais felizes. Ninguém deveria prometer nada para o futuro. Mesmo aquilo que temos escorrega por nossos dedos; até mesmo o momento presente, em que pensamos estar bem, a sorte nos tira. O tempo se desenrola segundo leis fixas, é verdade, mas em meio a trevas; e que me importa que haja certeza com relação à natureza ali onde há incerteza para mim?

Planejamos longas travessias e tardios retornos à pátria ao termo de aventuras ocorridas em todos os lugares estrangeiros, vemos o ofício de soldado e a lenta remuneração dos trabalhos militares, as promoções de um cargo a outro; no entanto, a morte está ao nosso lado, mas, como não pensamos nela senão atribuindo-a a um outro, a lição concreta de nossa mortalidade que nos é passo a passo ensinada não conserva seu efeito senão enquanto dura a surpresa.

Porém, há tolice maior do que se admirar de ver acontecer aquilo que pode acontecer todo dia? Na verdade há um limite fixado para nós, onde a inexorável necessidade do destino fixou, mas esse termo ninguém entre nós, enquanto está vivo, sabe quão próximo está. Disponhamos portanto nossa alma como se esse limite extremo tivesse sido atingido. Não deixemos nada para o futuro. Regremos nossas contas com a vida, dia a dia. O principal defeito da vida é que ela não tem nada de completo e acabado, e dia após dia deixamos algo para mais tarde. Aquele que soube a cada dia completar a sua vida não tem necessidade do tempo. Ora, essa necessidade nasce, assim como o medo do futuro, da sede de porvir que corrói a alma. Nada é mais miserável do que se perguntar a propósito do que vem: "Aonde isso vai me levar? Quanto tempo de vida me resta e como será?" Eis o que agita a mente atormentada na trama de inconsistentes temores.

    Como fugiremos dessa inquietação? De um único modo: não deixando nossa vida depender do futuro, reconduzindo-a sobre ela mesma. Com efeito, só se apoiam no futuro aqueles que estão insatisfeitos com o presente. Pelo contrário, quando eu estiver satisfeito com tudo o que me é devido, quando a mente firme souber que entre um dia e um século não há nenhuma diferença, a alma contemplará do alto a série inteira dos dias e dos acontecimentos por vir e não fará senão rir. Como a inconstância e mudanças do acaso poderiam perturbar aquele que permanece estável na instabilidade?

    Dessa forma então, meu caro Lucílio, trata de viver, e conta cada dia como uma vida distinta. O homem que tem essa armadura, aquele que viveu cada dia de sua vida completamente, possui a segurança; mas quem tem a esperança do próximo dia como razão de viver, vê o presente lhe escapar de hora em hora. Então entra nele um apetite insaciável acompanhado desse sentimento miserável que torna todas as coisas mais miseráveis: o medo da morte. Daí o torpe desejo de Mecenas que aceita as enfermidades, as deformações e, por fim, ser pregado na cruz, contanto que por meio dessas desgraças possa prolongar a vida.

> Faze de mim um maneta,
>
> Estropiado de uma perna, gotoso;
>
> Coloca em minhas costas uma enorme corcova
>
> Faze cair meus dentes:
>
> Enquanto me restar a vida, está bem;
>
> Mesmo na cruz, sobre a estaca,
>
> Conserva a minha vida.

    Se acontecesse isso, seria o cúmulo das misérias, e é esse o voto dele! Pensa estar pedindo a vida, mas trata-se na realidade do prolongamento de um suplício! Eu já o julgaria bastante desprezível se ele desejasse viver até ser crucificado, mas escutemo-lo: "Podem me estropiar, contanto que reste um sopro a meu corpo desgastado e impotente. Deixa-me aleijado, se quiseres, deixa-me torturado e disforme, mas permite que eu fique um pouco mais nesta vida. Podes até crucificar-me ou colocar-me numa estaca!" Vale a pena aumentar sua ferida, ficar dependurado com os braços estendidos apenas na esperança de adiar o que é mais desejável nos tormentos – o fim do suplício? Vale a pena reservar seu sopro vital para extingui-lo no suplício? Que desejar a esse homem, senão que os deuses sejam complacentes?

Mas o que significam esses vergonhosos versos de inspiração efeminada, esse pacto do medo e da demência, essa ignominiosa maneira de mendigar a vida? Como imaginar que diante de tal homem Virgílio alguma vez pudesse ler este verso:

É UM MAL ASSIM TÃO GRANDE O FATO DE MORRER?

Ele chama com seus votos os piores males, os mais penosos sofrimentos, deseja de todo o coração que sejam prolongados, que continuem. Que ganhará ele com isso? Pois bem, viver um pouco mais. Mas que tipo de vida é uma morte prolongada? Encontra-se um homem que prefere afundar-se em tormentos, que prefere perecer membro a membro, derramar sua vida gota a gota, a exalar o último suspiro de uma só vez? Encontra-se um homem que deseja ser pregado na cruz, que deseja ficar longamente doente, já deformado, sofrendo com horríveis tumores no peito e nos ombros e que quer ainda o sopro da vida em meio a essa terrível agonia? Eu acho que ele teria muitos motivos para morrer antes de subir na cruz.

Portanto não digas mais que a necessidade de

morrer não é um benefício da natureza. Muitos estão prontos para pactos ainda mais degradantes, prontos até para trair um amigo a fim de conservar a vida, a deixar seus filhos caírem na prostituição para poder desfrutar de uma luz que é testemunha de todos os seus crimes. Despojemo-nos portanto da paixão de viver e saibamos que pouco importa em que momento sofreremos o que haveremos mesmo de sofrer. O que importa é quão bem tu vivas e não quão longamente, e muitas vezes o bem-viver está nisso, em não viver longamente. **ADEUS.**

Tradução **Willian Li**

CARTA CIV
## Sobre o cuidado com a saúde e a paz de espírito

**Sêneca saúda seu amigo Lucílio**

Adivinhas do que fugi para minha propriedade em Nomento? Da cidade? Não, da febre que me pegou traiçoeiramente. Eu de fato já estava gripado. O médico dizia que a doença já havia iniciado, o pulso estava agitado e fora da cadência natural. Assim, mandei preparar a carruagem imediatamente. Minha querida Paulina, é bem verdade, queria me deter. Eu repetia para mim mesmo o dito de Galião que, tomado de um começo de febre na Acaia, embarcou imediatamente repetindo bem alto: "O mal não vem de mim, mas do ar deste país!" Era isso que eu explicava a Paulina, que sempre me recomenda atenção à saúde. Pois como sei que sua vida depende da minha, a fim de que possa cuidar de Paulina, cuido de mim mesmo. E, embora a velhice tenha me tornado mais corajoso para muitas coisas, estou perdendo esse benefício que vem com a idade. Pois me vem à mente que há nesse velho um jovem, que é poupado. E, uma vez que não consigo da parte de Paulina que ela me ame com mais coragem, ela consegue de mim que eu ame a mim mesmo com mais cuidados. Com efeito, é preciso condescender com as legítimas afeições e algumas vezes mesmo com as misérias físicas: quando elas irrompem, é preciso, por consideração aos seus, passar pelos mais duros sofrimentos, chamar a si à vida, às vezes ao preço dos maiores sofrimentos, reter o sopro que se exala, visto que o homem de bem é obrigado a ficar nesta vida não o quanto lhe apraz, mas quanto deve. Quem pensa não valer a pena que se prolongue a vida por causa da esposa, do amigo, e que persevera na morte, é um fraco.

Impor a si mesmo viver, quando o interesse das pessoas amadas também quer assim, conta entre os deveres da alma. Ela queria morrer, ela chegou mesmo a ameaçar morrer, mas ela não o faz; ela se presta às pessoas que ama. É digno de uma alma bastante generosa voltar à vida por amor a um outro, tal como fizeram muitos grandes homens. Mas a generosidade humana atinge, segundo penso, a absoluta perfeição quando, renunciando ao privilégio essencial da velhice, que é de se tornar mais relaxado no trato pessoal, se torna atenta à sua preservação, se estamos convictos de que essa conduta é cara, proveitosa e mesmo desejável a uma pessoa amada. De resto, isso proporciona muita alegria e um bom salário. Pois há algo mais agradável do que se ver tão querido por sua esposa a ponto de querer ser mais caro a si mesmo? E assim a minha querida Paulina pode me imputar não somente os temores dela, mas também os meus.

Queres saber o que ganhei com a decisão da minha partida? Tão logo deixei o ar poluído de Roma e o odor das cozinhas fumegantes que, quando estão a pleno vapor, despejam, além da poeira, toda sorte de vapores empesteados, imediatamente me dei conta de que minha saúde estava melhorando. E me senti mais forte ainda quando cheguei aos meus vinhedos! No prado encontrei meu alimento. Logo me recobrei e desapareceu aquela languidez suspeita que ditava meus pensamentos: volto a trabalhar com todo o ânimo.

Para esse efeito a influência do lugar não contribui muito: é preciso que a alma tenha plena posse de si mesma. Dessa forma, no meio do tumulto, ela cria para si mesma, se quiser, solidão. Mas, se sempre elege vilarejos especiais e corre atrás do ócio, achará em todo lugar algo com que se importunar. Segundo dizem, a um que se queixava a Sócrates de não haver tirado proveito de suas viagens, o sábio replicou: "O que aconteceu é natural, pois te levavas sempre junto a ti mesmo." Oh, como seria bom a alguns se pudessem sair de suas pessoas, e não dos lugares! Na verdade pressionam, solicitam, corrompem e aterrorizam a si mesmos. De que serve atravessar o mar e passar de cidade em cidade? Tu perguntas pelo meio de te livrares dos males que te acometem? Buscar outros lugares? Não; ser um outro homem. Supõe que estás em Atenas ou em Rodes. Escolhe a teu capricho qualquer outra cidade. Em que te afetarão os costumes do país? Tu levas os teus.

Suponho que julgues a riqueza um bem: a pobreza irá então te atormentar, e, o que é mais lastimável, será uma pobreza imaginária. Com efeito, toda a fortuna que possuis parecerá pouco se encontrares alguém que for mais rico, e te sentirás em débito com relação àquele que possui mais. A teus olhos é um bem acumular honrarias: portanto, a eleição de tal pessoa ou a reeleição de tal outra ao consulado te fará mal, e sentirás inveja mesmo que sejam poucas as vezes em que vires o mesmo nome muitas vezes nos fastos. Tal será a loucura da ambição, se imaginares não ver ninguém atrás de ti, e sempre alguém à frente.

A teus olhos a morte é o pior dos males, embora não haja mal senão naquilo que a precede, isto é, nosso medo. Tu tremerás diante do perigo, sempre te agitarás em vão. De fato, de que te servirá

> TER ESCAPADO A TANTAS CIDADES ARGÓLICAS
> E TER CONSEGUIDO FUGIR ATRAVÉS DAS FORÇAS INIMIGAS?

A própria paz te alarmará. A mente perturbada não terá confiança nem mesmo nas coisas mais certas, pois o sentimento irrefletido do medo, que ela sofre habitualmente, acaba por torná-la incapaz de ter segurança. Ela não evita o perigo, mas foge. Entretanto, de costas estamos mais expostos ao perigo.

Para ti não há algo mais penoso do que a perda das pessoas que te são caras, e isso no entanto é tão inepto quanto chorar ao ver as árvores de tua casa perderem as folhas. A todos os seres que alegram teu coração, considera como as árvores que verdejam: desfruta deles. "Mas hoje um, amanhã outro, cairão todos!" Assim como te consolas facilmente da queda das folhas porque elas renascem, da mesma forma deves considerar a perda daqueles que tu amas e que vês como a alegria de tua vida: eles podem ser substituídos, apesar de não poderem renascer.

"Mas não serão mais os mesmos!" E tu, serás tu sempre o mesmo? Cada dia, cada hora te modificam. Para dizer a verdade, o que o tempo furta tão visível no outro te escapa porque esse furto se efetua em segredo. Os outros são roubados abertamente, e nós sub-repticiamente. Mas tu não farás essas reflexões, não colocarás remédios nos ferimentos; tu te criarás motivos de embaraço, seja esperando, seja desencorajando-te. Se tu és sábio em meio a essa confusão que te criaste, tempera uma coisa com outra: não esperarás sem um sentimento de desespero, nem desesperarás sem esperança.

    Que proveito pode ter uma viagem a quem quer que seja? Uma viagem jamais moderou prazeres, refreou paixões, reprimiu ímpetos da cólera, quebrou arroubos dos apaixonados e, para dizer tudo, jamais livrou a alma de qualquer de seus males. Ela nunca emitiu um juízo ou dissipou um erro. Seu efeito é para o homem como o que uma criança tem quando depara com o desconhecido: ela diverte por algum tempo pela atração da novidade. De resto, o espírito que já tem o humor cambiante é mais assaltado ainda pelo mal do qual ele é precisamente atingido: a agitação faz crescer sua necessidade de mover-se com sua instabilidade. Os lugares para onde acorrem com tanto ardor são abandonados da mesma forma; tal como os pássaros migratórios, retomam o voo e vão embora mais rápido do que chegaram. Viajar te dará o conhecimento das nações, te fará ver novas formas de montanhas, lugares que o turista comum não visita, vales cavados em estreitos por fontes inesgotáveis, rios que sempre oferecem à observação um fenômeno natural: assim é o Nilo, cujo fluxo se enche e vaza no verão; assim é o Eufrates, que desaparece por completo para fazer sob a terra seu curso invisível e dali sair em plena correnteza; assim é o Meandro, tema eternamente caro à fantasia dos poetas, que embaraça suas curvas e frequentemente, nas vizinhanças de seu leito, se dobra ainda mais uma vez antes de se instalar. Quanto ao resto, ela não te tornará nem melhor nem mais razoável.

É o estudo que deve ser o campo de toda a atividade, em meio aos mestres da sabedoria, para rememorar as verdades adquiridas e para descobrir ainda novas verdades. Sendo o nosso dever retirar a alma de sua lamentável escravidão, eis o meio de libertá-la. Enquanto ignorares o que deve ser evitado e o que deve ser procurado, o que é necessário e o que é supérfluo, o que é justo e o que é injusto, tu não viajarás jamais, não passarás de um errante. Tuas corridas à aventura não te servirão de nada, pois viajas com tuas paixões, teu mal te segue. Ah, pudesse ele não te seguir! As paixões ficariam então menos próximas de ti. Mas tu as levas contigo, tu as tens em ti. Assim, qualquer lugar te pesa; em todo lugar, devido à tua má disposição, elas são pungentes. Não é uma bela paisagem, mas um regime sábio que é necessário ao doente. Alguém quebrou ou torceu a perna, e deixa de andar de carruagem ou de barco; chama o médico para endireitar a fratura e para pôr no lugar o músculo torcido. E quanto a essa alma, rompida e deslocada em tantos lugares, crês que as mudanças de lugar podem restabelecê-la? A ferida é muito grave para ser curada com uma simples mudança de lugar. A viagem não faz um médico nem um orador; não adquirimos nenhuma arte devido ao lugar.

E então? A sabedoria, a mais importante de todas as artes, pode ser colhida numa viagem? Creia-me, nenhuma viagem pode livrar-te de tuas paixões, de teus furores, de teus medos. Se pudesse, o gênero humano passaria em fileiras por ali. Esses males te acompanharão e te consumirão de país em país, de mares em mares, enquanto carregares suas causas. Tu te espantas de fugir em vão? Aquilo de que foges está contigo. Começa portanto por te emendar, por ver-te livre desse fardo.

A esses desejos que seria preciso extirpar, põe pelo menos um limite que eles respeitem. Tira de tua alma toda maldade. Se queres viagens felizes, cura aquele que te acompanha. A avareza te tomará, se tratares com os avarentos; o orgulho te tomará, se andares com os soberbos. Tu jamais deixarás tua disposição cruel se frequentas o carrasco, e a camaradagem com os adúlteros alimentará o fogo da libertinagem que há em ti. Se queremos nos despojar desses vícios, é preciso afastar-nos dos exemplos viciosos. O avarento, o sedutor, o cruel, o velhaco fazem muito mal se estão próximos de ti; ora, eles estão em ti mesmo!

  Passa para o lado dos homens virtuosos. Vive com os Catões, com Lélio, com Tuberão; ou, se te agrada também a companhia dos gregos, frequenta Sócrates, frequenta Zenão: um te ensinará a morrer, quando for necessário; o outro te ensinará a morrer antes que seja necessário. Vive com Crisipo, com Posidônio: eles te transmitirão o conhecimento do divino e do humano, prescreverão o modo de agir, de como ser não meramente um orador hábil desfiando suas frases para encantar o ouvido, mas de como reforçar a alma e protegê-la contra as ameaças, pois o único porto desta vida agitada e tempestuosa é o desprezo por tudo o que pode acontecer, manter-se firme em sua posição, receber como homem maduro os golpes da fortuna, sem se perturbar nem tergiversar. A natureza nos fez magnânimos e, assim como deu a certos animais a ferocidade, a outros a astúcia, a outros o medo, deu-nos um espírito glorioso e excelso que nos instiga a procurar em vez de uma vida seguríssima uma vida honestíssima, assemelhada à alma do universo, que o homem segue e imita tanto quanto é permitido aos passos dos mortais.

Ele se expõe, confiante em ser exigido e provado. Ele é senhor de todas as coisas, está acima de todas as coisas. Dessa forma, portanto, nenhum ato de submissão lhe será possível; ele não deixará nenhuma força pesar sobre si e fazer dobrar um coração viril.

Formas terríveis de ver, a morte e o sofrimento; elas não seriam assim, de modo algum, se ousássemos encará-las com o olhar firme e desvendar as trevas: muitas coisas que nos espantam à noite nos causam riso à luz do dia. "Formas terríveis de ver, a morte e o sofrimento!" Nosso caro Virgílio não disse que elas são verdadeiramente terríveis, mas terríveis de ver, isto é, parecem terríveis mas não são. Repito: o que há de tão temível naquilo que o preconceito do vulgo difunde? Dize-me, meu caro Lucílio, que razão há para que um homem digno desse nome tema o sofrimento, e um mortal a morte? Ocorre-me agora o caso de muitas pessoas que estimam ser impossível fazer o que elas são incapazes de fazer, e declaram que nossas teorias ultrapassam as forças da natureza humana. Faço delas um juízo melhor! Elas podem tanto quanto os outros, mas não querem tentar. A quem que as tenha tentado elas escapuliram? A que homem elas não pareceram mais fáceis na hora de serem cumpridas? Não é a dificuldade que faz faltar a audácia, é a falta de audácia que faz a dificuldade.

Quereis um exemplo? Tomemos o de Sócrates, velho de tamanha resistência! Perseguido por tudo o que há de cruel mas invencível à pobreza, que o fardo de sua casa tornava mais pesada, sofreu até os rigores militares na guerra como soldado. Outras provas lhe foram impostas no convívio doméstico; basta lembrarmo-nos de sua mulher, megera insultante, ou de seus filhos, rebeldes ao estudo e mais parecidos com a mãe do que com o pai. Na vida pública conheceu a guerra, um regime de tirania, e uma liberdade mais cruel que todas as guerras e todos os tiranos. Tinha-se combatido por vinte e sete anos; findas as hostilidades, Atenas viu-se entregue aos excessos da tirania dos trinta, a maioria inimigos do filósofo. Última provocação: uma condenação formal feita contra ele por motivos alegados como os mais graves: acusavam-no de atentar contra a religião e de corromper a juventude, que ele sublevava, segundo diziam, contra os deuses, os pais de família e a República; veio em seguida a prisão e o veneno. Tudo isso perturbava tão pouco a alma de Sócrates que seu semblante jamais se abatia. Repara que elogio maravilhoso, único! Até o último dia ninguém viu Sócrates mais feliz ou mais triste. Nesses grandes sobressaltos da fortuna ele mantinha todo o seu equilíbrio.

Queres um segundo exemplo? Eis, mais próximo a nós, o jovem M. Catão, contra quem a fortuna se mostrou ainda mais hostil e aguerrida. Mas resistiu a ela em todas as ocasiões e, perto da morte, mostrou todavia que um homem de coragem, apesar de sua má fortuna, sabe viver e sabe morrer. Passou sua vida em armas e antes disso com a toga, mas já nas primícias da guerra civil. Pode-se dizer dele, como de Sócrates, que conservou a liberdade na escravidão, a menos que julgues Pompeu, César e Crasso como amigos da liberdade. Ninguém viu M. Catão mudar, enquanto a República mudava sem cessar. Ele se manteve o mesmo em todas as situações: como pretor ou expulso da pretura, como acusador, na província, diante do povo, nos exércitos em face da morte. Em suma, nessa crise em que a República se debatia, quando se via de um lado César apoiado por dez legiões, com suas melhores tropas de choque e com todas as suas reservas estrangeiras, e de outro Pompeu, completamente só mas forte o bastante para fazer face a tudo, quando alguns se voltavam para o lado de César e outros para o de Pompeu, M. Catão sozinho formou um partido, o partido da República. Se quiseres visualizar mentalmente esse período, verás de um lado a plebe e as massas populares prestes a revoltar-se; de outro, tudo aquilo que havia de honrado e distinto, a aristocracia e a ordem equestre, e, no meio, esses dois isolados: a República e Catão.

Ficarás admirado ao ver:

Agamêmnon e Príamo, e Aquiles, furioso com ambos.

Como Aquiles, ele reprova tanto um como outro, e trata de desarmar a ambos.

De um e de outro, eis o juízo que fazia: "Se César triunfa, opto pela morte; se Pompeu triunfa, opto pelo exílio." Que tinha ele a temer uma vez que, vencedor ou vencido, infligia a si mesmo a pena que o inimigo mais implacável seria capaz de lhe infligir? Sendo assim, morreu por sua própria decisão.

Vês que é possível aos homens suportar os contratempos: ele conduziu a pé seu exército pelos desertos da África. Vês que é possível suportar a sede: sobre as colinas ardentes, privado de seu comboio, trazendo após si os destroços de um exército vencido, sofreu a falta de água sem jamais deixar a sua couraça, e, quando encontrava uma ocasião de beber, sempre bebia por último. Vês que é possível desprezar as honrarias e as afrontas: no dia do fracasso de sua eleição para a pretura ele vai jogar pela na praça dos comícios. Vês que podemos deixar de tremer diante dos poderosos: ele provocou César e Pompeu ao mesmo tempo, quando ninguém ousava desagradar a um, a não ser que buscasse o favor de outro. Vês que a morte pode ser desprezada da mesma forma que o exílio: M. Catão impôs a si mesmo o exílio, a morte e, nesse meio-tempo, a guerra.

Portanto, nós também podemos mostrar a mesma coragem contra tais adversidades; basta tirarmos nosso pescoço da canga. Mas, antes de tudo, desprezemos os prazeres, pois eles enervam, efeminam, exigem muito de nós e nos levam a pedir muito à fortuna. Em seguida, deixemos de lado a riqueza, salário habitual de nossa servidão; abandonemos o ouro, a prata e tudo aquilo que pesa sobre as casas que dizemos serem felizes. A liberdade não vem de graça. Se realmente a estimas, o resto deve ser tido em pouca estima. **ADEUS.**          Tradução Willian Li

A liberdade não vem de graça.

Se realmente a estimas,

o resto deve ser tido em pouca estima.